U0124766

大国出行

汽车里的城市战争

汽车之家
董事长兼CEO
陆　敏
主编

财经作家
吴晓波
创作顾问

**王千马
何　丹**
执笔

ZHEJIANG UNIVERSITY PRESS
浙江大学出版社

序

陆　敏

诺贝尔经济学奖得主斯蒂格利茨（Joseph Eugene Stiglitz）曾预言："美国的高科技和中国的城市化将是影响 21 世纪人类社会进程的两大课题。"城市化始于 19 世纪下半叶，欧美各国的城市化是工业革命发展的产物，中国早期的城市化则主要由贸易和商业推动，上海、广东、天津等城市在近代都是重要的贸易港口。中国真正意义上的城市化始于改革开放以后，中国在 40 年中几乎走完了欧美发达国家用 100 多年时间走过的历程，建设起上海、北京、深圳等堪比纽约、伦敦的国际性超级大都市。

汽车作为改变世界的机器，几乎与现代大都市同时出现，相伴而生。从 1886 年第一辆汽车诞生开始，汽车产业便持续为城市发展提供动力和经济支持，城市功能的增强又反过来为汽车产业提供基础设施和配套服务。正是这种"产城互动"，对改善民生、刺激投资、扩大就业、发展经济发挥了重要作用。

国务院发展研究中心的研究显示，汽车工业涉及 100 多个相关行业，以 1∶10 的乘数效应拉动经济增长，即汽车工业 1 个单位的产出，可以带动国民经济各环节总体增加 10 个单位的产出。汽车工业每增值 1 元，就会给钢铁、石化、橡胶、玻璃、电子等上游产业带来 0.76 元的增值，给金融、保险、维修、旅游、租赁等下游产业带来 0.89 元的增值。汽车工业对就业的拉动作用也非常明显。国家信息中心分析认为，汽车产业（包括零部件企业在内）每增加 1 个就业岗位，就会带动相关产业增加 7 个就业岗位。因此，汽车产业成为各大城市竞相抢占的战略制高点。

作为典型的关联度高、资本密集、产业链长、带动性强的产业，汽车产业尤其适合以产业集群的模式发展。汽车、互联网、电子、通信、软件、材料等跨行业融合发展、创新碰撞，使得产业和城市发展的空间与物理束缚被不断打破，一方面推动了中国城市产业集群化发展，另一方面也逐渐形成了大都市圈和大产业的网络化协同。目前，我国大致形成了六大汽车产业集群区：以长春为代表的东北老工业集群区，以上海为代表的长三角集群区，以武汉为代表的中部集群区，以北京、天津为代表的京津集群区，以广东为代表的珠三角集群区，以重庆为代表的西南集群区。

产无城不立，城无产不兴。当城市脉搏与汽车引擎共振合鸣时，汽车工业的布局、暗战和竞合，在一定程度上也影响到城市的命运沉浮。汽车城底特律作为通用、福特、克莱斯勒的总部所在地，全城 440 万人口中约有 90% 是靠汽车为生；而在中国，长春市的工业产值增长曲线与一汽集团的产值增长曲线基本吻合，两者成为同呼吸的命运共同体。

当然，在产城融合中，一个不可忽略的重要因素是人。作为连接城市与产业的纽带，城市居民是这一轮城市化和工业化进程的最终受益者。在中国，居住在城市的人口已经超过 8 亿，城镇化率达到 58.5%（2017 年数据）。根据国家"十三五"规划，至 2020 年，城镇化率将超过 60%。产业能够为人提供工作，是人在城市安身立命的关键。城市为人提供活动场所和居住条件，人的活动又带动了城市功能的增强。可以说，城市的兴起源自人的聚集，城市发展的本质就是要承托起人类对物质文明的美好希望。

这种"以人为本"的发展逻辑正与中国古代的"以利养民"思想一脉相承。春秋时期大政治家管仲就认为"善为国者，必先富民，然后治之"，所谓"仓廪实而知礼节，衣食足而知荣辱"，改善民生不仅是振兴经济与道德文化的基础，也是治国富民的根本。后来北宋王安石提出的"农尽力""工尽巧""商贾流通"，促进农工商全面互动、协调发展，则是进一步集上述思想之大成。

从远古的农业社会一路走来，中国已经发展成为世界上最大的汽车市场、新能源汽车市场及出行市场。本书出版之际，世界正处在以智能化为标志的第四次科技革命的开始阶段。在经济与科技两个革命的周期共振之中，以人工智能、大数据和物联网为代表的高新技术正成为拉动城市化和产业增长的新动力。同时，恰逢中国汽车行业经历 28 年以来的首次负增长，思变之潮席卷全球，全行业都在探索破局与变革的产业命题。大多数专家学者都倾向于从宏观经济和供给角度寻找创变之路，汽车之家作为中国最大的汽车互联网平台，一直以为消费者提供优质的汽车消费和汽车生活服务为使命，致力于成为汽车产业与消费者之间的连接者，并见证了汽车社会过去十年来的高速发展。在这样的背景下，本书希望通过对历史的回顾、对当下的分析，以及对趋势的展望，为中国汽车产业带来城市和人文视角的微观洞察，揭示单一竞争、竞争与合作、多元共创的不同阶段特征，探讨中国汽车产城融合的共生性进化逻辑，以及未来发展的新理念、新趋势。

比如书中所提到的被工业浇筑的山水之城柳州，在燃油车时代，这里诞生了全国最畅销的汽车，汽车工业成为柳州第一个、广西第二个产值超千亿元的产业，"柳州造"汽车年产量在 2015 年突破230 万辆，位居全国第三位。在电动汽车时代，柳州市政府与汽车制造企业密切合作，在短短两年时间内使市内电动汽车达到 4 万多辆，创新地发明了新能源车推广的"柳州模式"，引发全国关注。这正是产城融合推动战略性新兴产业规模化、促成产业结构优化升级、创新商业模式的典型样本，也说明在商业地理语境基础上的汽车产业分析具有独特的价值和意义。

本书在酝酿、策划和撰写过程中，得到了蓝狮子的大力支持和帮助，在此我们一并致以衷心谢意！

2019 年 8 月

目 录

中篇　竞合求索中的产城升级

下篇 共创新生时代的"爆城"

附 录

从汽车俯瞰城市，从城市理解汽车

何　丹

首先需要说明，这是一部新闻式的作品，不是严格的研究类著作，它更多的是来自我们的日常观察。我们采用了一个历史的、经济的、地理的复合视角，通过梳理汽车工业与七座城市（镇）的关系，描述了新中国成立 70 年来，从北到南，在时间与空间双重意义上的中国工业化线索。

中国正在经历人类历史上最大的工业化与城市化进程。其中，汽车工业作为国民经济的支柱产业，正处于从大到强、实现转型升级的历史关隘。汽车强国战略已成为产业共识，而汽车强国战略能否成功实施主要取决于国家能否构建开放、竞争的市场环境，企业能否持续地进行技术、管理和机制上的创新，产业链上的企业能否实现协同发展。

同时，中国经济进入"换挡期"，城市发展相应进入新的排位赛，基于产业创新的区域"新常态"已然来临。我们常常会发问，"为什么有竞争力的产业会出现在某区域"，这种话题往往会引发热火朝天的争论，乃至让议论者"撕打"起来。本书考察了汽车工业与中国城市命运的共振，其间各自的崛起、陨落、抗争与兴盛，亦可被视作一场产业与城市兴衰的话题战争。

以七座城市（镇）作为本书叙述的地标，我们会发现一些历史的、经济的、地理的多维关联。譬如，从计划经济时代到市场竞争时代，从单一的汽车城到产业链协同的都市群，从一线城市到三线城市（乃至城镇），它们共同谱写了一首中国工业化与城市化大交融的命运交响曲。我们试图在这七座城市（镇）的汽车工业进程中寻找到一些特质，因为这些特质也构成了中国崛起的多个面向。

第一章"长春"，描述了一座老汽车工业城市的转型保卫战。毫无疑问，在 2013 年以前，做"中国底特律"，不只是长春这个"共和国长子"的定位，也是武汉、重庆、柳州等诸多汽车工业城市喊过的口号，由此引发的汽车规模化运动，让我国一举成为全球汽车产销量最大的国家。随着底特律的破产，国内汽车产销滑坡，大家感受到"单一产业的诅咒"的寒风。在东北经济低迷的气候里，长春却一枝独秀。长春有近 800 万人口，30 多所高校，80 多家研究所，每 10 个人里面就有 1 个是在校大学生，这是一座知识浓度高的城市，市区人口结构和质量的本质区别，决定了长春的转型之路必将不同于底特律。

　　第二章"十堰"，讨论了一个由车而兴起的城市正在对抗产业迁移带来的空心化危机。十堰的汽车工业起步意外而艰难，是在"全区工业加在一起是一家打铁铺"的窘境里打造出来的，指令性经济体制让这座汽车工业城市很快拔地而起，"从0到1"。20世纪90年代，面对市场经济大潮，十堰又面临新的窘况——汽车产业开始被转移到省城武汉。两次人为意志、一起一落的背后，反映出城市间竞争愈加激烈，产业和投资的流动更加自由，这是内陆工业化城市的典型历史遭遇，而十堰必须顽强地"重写"城市意义，用更积极的后工业化城市形象来抵抗陨落的过程。

　　第三章论述了柳州。"我们是谁"是"我们做什么"的一个函数，柳州近百年以来就没有过这种身份焦虑。作为一个三线城市，柳州独特的存在感，不仅仅是那碗让人欲罢不能的螺蛳粉。作为同时聚集了四大车企的"广西工业心脏"，柳州将百年工业精神与工业文化浸入山水，得以成为与广州、重庆、武汉等汽车工业"大象"共舞的"雄狮"。车企与当地政府血脉相连，命运共振，这才有地方大员拍胸口说："我也不怕房价跌，因为我们柳州有实业在支撑。"这句话会引来当下其他城市的艳羡，这也是市场之外，"另一只手"的钢铁意志。

　　第四章转向重庆，一个有导航也会迷路的城市。市区面积、人口乃至工业的规模，是重庆几次挣扎最终成为直辖市的资本。伴随重庆十多年狂飙突进的，除了飞架天堑的基建奇观，还有重

庆的汽车江湖。这种加速度，很快以一种倒"V"形的抛物线让
人瞠目结舌。许多人都在问，重庆怎么了？大家疑虑的不只是重
庆的汽车工业，还有当下的中国。重庆有着非常好的中国故事，
包括它出现的一些事故。汽车江湖里的国企、外企与民企的"三
国杀"，投资过热，产能过剩，重庆的哪一个话题不是"水煮中国"？

　　第五章集中论述了特色小镇安亭，这是一个"产业飞地"进
化为产城融合示范区的"地理甜点"的故事。中国产城融合过程
中有许多是非曲直，安亭的幸运在于身处长三角，并握手了汽车
工业。长三角辐射了国内一流的工业、服务业与互联网的能量场
域。而互联网和新能源是新工业革命的两大主题，其中汽车制造
业将是工业化和信息化深度融合、制造业和服务业深度融合的良
好平台。长三角一体化国家战略，特别是跨省经济合作和市场一
体化，将安亭从一个上海边缘的"产业飞地"，一举置换成长三
角一体化版图里的产业中心。区域经济协调范围超出行政区划边
界将是城市发展常态，未来相邻行政区之间将实现经济开放、管
理接轨与互利合作，形成各地区之间产业布局更为合理的集聚和
扩散态势。简单来说，对内开放会喷发出新的奇迹。

　　第六章谈论了杭州，一个因西湖而享誉世界的城市，重工业
与市区面积一度是杭州城市竞争力的两大软肋。正是鲁冠球、李
书福和马云这一代浙商的草根创业精神，积攒下有别于外企、国
企的又一极经济原动力，使得杭州从激烈的长三角城市竞赛中脱
颖而出，拥有了自己的汽车工业。在有了8个深圳大小的城市面

积之后，温文尔雅的杭州开始豪气地将钱塘江当作城中河，迎来了史上最大规模的造城运动。"东拉西扯"的智造与科创两条大走廊互为呼应，其中被寄予希望的东部最大跳板——大江东（也是汽车制造主战场）却有些停滞不前。城西的阿里巴巴所展现的线上经济体雄心，是否让城东忽略了一个基本事实：一个大江东，超越了现在杭州主城 5 区的面积，这等于让重工业底子还薄弱的杭州，撸起袖子去再造一个杭州城。这会是一种"大而无当"的奇幻漂流吗？

第七章讨论了粤港澳大湾区的造车风云，这是一个国家顶级城市群参与全球产业竞争的缩影。透过广汽、比亚迪和小鹏汽车——传统汽车厂商和造车新势力的发展，即"老中青"的造车沉浮，可以看到区域工业化的长期逻辑是，除了区位、资源和政策在初期的重要作用，科技创新和文化蕴含才是两个决定性要素。没有哪个国家和中国一样，拥有如此众多的经济特区、新兴城市及超级城市，多年来，它们之间的发展差异取决于区位、资源与政策的禀赋。从珠三角汽车产业的演进，我们发现区域发展的动力机制在发生变化，产业发展的空间结构也在变化，中国产业发展的区域态势正在从"特殊政策时代"转为"自由贸易时代"，单一汽车城的时代已然结束，汽车产业链上的"爆城"将是新的物种。这背后，是全球供应链、超级城市和新商业文明的崛起，它们在塑造新的超级版图。

从七个地标的汽车工业史里走出来，我们也在同步考察"为什么有竞争力的产业会出现在某区域"的问题。工业经济学家金培对此有精辟的分析：对于发展中国家来说，产业发展的空间表现通常是转移、扎根和升级（或是再转移）。一般来说，地区产业发展的三个阶段的决定性因素分别是：工业化初期的比较成本、工业化中后期的技术水平、长远来看的文化特质。各个经济体在工业化初期和中期的产业发展轨迹基本相同，但到工业化后期，各自会走上不同的产业发展方向，这是因为经济发展的规律具有"标准形式"，而文化则是多元的。从这一点来考察造车新势力，就能用积极的姿态去理解探索者们目前所处的困境了。

同样，工业化 ——包括我们书中描述的汽车产业，不仅是一个物质财富积累的过程，更是一个文明沉淀的过程。城市要成为具有活力、可持续的产业聚集地，就应该为此去培育进取的创新精神、务实的工业文化、守信的社会氛围等。因为这些人文特质，才是决定一个城市长远命运的"社会资本"。

读者在阅读本书时，可能会有这样的感受 ——视角越是多元，议题设置就越发繁复，甚至会影响到阅读趣味。在汽车产业大变局来临的前夜，勾勒过去和未来的图景，不会是简单的黑白两色，确实需要综合各类视角。对于如今的中国来说，未来的图景也不再是简单的一二线城市、中心省会城市或者"五环外"的城市，而是所有这些城市的叠加。

上篇

"汽车狂热"下的重生

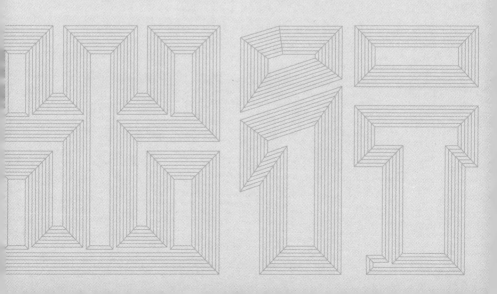

长春：下一个底特律？

1903 年，当亨利·福特（Henry Ford）在底特律成立福特汽车公司时，这里还算不上是一个伟大的都市，还只是全美第 13 大城市。但随着威廉·杜兰特（William Durant）、道奇兄弟（John Dodge，Horace Dodge）和沃尔特·克莱斯勒（Walter Chrysler）等人纷纷在此开创自己的产业，作为由法国人建立的皮毛交易中心的底特律，一跃成为美国乃至世界的汽车工业之都。

20 世纪无疑是工业主义确立全球地位的重要时期。它给美国带来了巨大的变化，最终把这个以乡村为主的地方，转变成了大城市云集的世界强国。乔尔·科特金（Joel Kotkin）在《全球城市史》中提到，1850 年，美国仅有 6 座人口超过 1 万人的"大"城市，城市人口不到总人口的 5%。这一图景在之后的 50 年里发生了天翻地覆的变化。1900 年，美国人口超过 1 万的城市有 38 个，大约每 5 个人中就有 1 个人生活在城市。

《全球城市史》给出了促成这一变化的几个因素，一个是移民，一个是欧洲的投资，还有一个就是北美消费基础的全面增长，但最重要的还是制造业的迅猛发展，尤其是大规模生产的发展。

这种滥觞于西方的工业潮流最终波及中国，进而影响到黑土地上的长春。像是冥冥之中的因缘，长春和底特律这两座一东一西、一中一美的城市，却处在相近的纬度上(都在北纬 42 至 43 度)，在气候特别是温差上相差不大。这也让长春在多年之后，成了汽车工业又一个"应许之地"。

1953 年 7 月 15 日，第一汽车制造厂在长春孟家屯车站西侧，也就是今天的东风大街南侧举行奠基典礼。这天上午 9 时整，鼓乐齐奏，鞭炮齐鸣，主席台两侧塔吊上的两面五星红旗徐徐升起，全场一片欢声雷动。接着，6 名年轻的共产党员抬着一块汉白玉基石进入会场，将其安置在厂址中心广场。基石上刻着毛泽东主席的亲笔题词：第一汽车制造厂奠基纪念。他用自己的题词，否定了将此厂命名为"毛泽东汽车厂"的想法。与此同时，在汽车厂名前冠上"第一"字眼，既强调这个汽车厂的重要地位，又表明毛主席对中国汽车业寄予的厚望。有第一，自然要有第二、第三、第四……但不管未来有多少家汽车厂，作为新中国汽车工业的领头者，长春都因此备感光荣。

说起来，这一荣誉也不是凭空而来的。此前在为一汽选址的过程中，也有过多重意见。当年的援助者也就是"社会主义老大哥"

苏联，曾建议中国的第一个汽车厂也要像他们的一样，建在首都或首都附近。此外，西安、太原、北京西郊衙门口、石家庄等地，都曾是选址之一。当时，兼任第一任重工业部部长的陈云，也主持了第一汽车制造厂的筹备工作，他主张不急着下结论，而应该反复进行研究测算。

最后，在细致的、通盘的对比和研究中，陈云意识到，如果这个汽车厂全年的生产量是3万辆汽车，就需要2.4万千瓦的电力。而西安当时的供电量只有9000千瓦，光是修建发电厂就需要几年时间；还需要钢铁，一年要20多万吨，而石景山钢铁厂生产这么多钢铁，要花费5年或者6年时间；木材要2万立方米，若在西北砍伐，则整座山上的树都要被砍光；还有运输问题，每年的运输量会达到100万吨，而西安到潼关的铁路的年运输量不超过200万吨，光一家汽车工厂就够它运的了。因此研究的结果是，中国的第一个汽车工厂只能够设在东北。①

这不仅是因为东北靠近苏联，而且还因为它有着丰富的钢铁和煤炭资源。当时国内的第一大钢厂，共和国钢铁工业的"长子"正是鞍钢。区域划定之后，再进行内部选优。经过对四平、公主岭、长春三个城市的调查分析，最终一锤定音为长春。

相比较而言，长春是东北的中心。中长铁路贯穿南北，有公路、电力、给排水等基础设施，矿产、木材资源丰富。而且在城市建

① 《建国以来重要文献选编（第二册）》，中共中央文献研究室编，中国文献出版社，1992年。

设上，长春曾是亚洲第一个全面普及抽水马桶和管道煤气的城市，也是中国第一个规划地铁（包括环城高速公路）的城市，更是亚洲第一个实现主干道电线入地的城市，其主要街道的照明和电信线路采用地下管线。但是，它真正作为城市的历史只有一两百年，还仅仅处于城市发展的"稚嫩"阶段。

与汽车工业对底特律的塑造一样，在某种意义上，是一汽及拖拉机厂、客车厂、纺织厂这些国企，在新中国成立之后推动了长春的快速发展，也让长春刷出了存在感，甚至是优越感。

中国的"底特律"在腾飞

很多人因为一汽知道了长春，也有很多人因为一汽成了长春人。

当年福特推出的 5 美元日薪并面向全球的招聘计划，让底特律成为一块巨大的磁石，吸引了来自世界各地的应聘者。

中国的汽车制造业初期还是理想飞扬的时代，南方的大批制造业人才，或者像从北京第一机械制造学校这些学校毕业的学生，仅仅怀揣着一本《远离莫斯科的地方》，就来到了这个"祖国最需要的地方"，建设新中国的第一个汽车制造厂，从此就是一辈子。

还有更多的"一汽家族"被逐渐创造出来。有人从爷爷到父亲再到自己，都在一汽这一亩三分地上打拼，从来没有想过离开。就连婚嫁，也大多是内部解决，"厂内女不嫁厂外郎，厂外女求嫁厂内郎"。

究其原因，除了在一汽工作让人感到身份上的自豪之外，还因为一汽在计划经济时代全盘包办了员工的吃喝住行，负责员工的生老病死。尽管初建时偏居于长春的西南一隅，但一汽一落地，便形成了一个小型的、自治的社会。

这里有医院，有学校，有自己专门的发电厂，甚至还有自己的公安局和法院。工人们不仅无须担心生存，甚至还能在每天下班后洗上热水澡，这在当时那个饭都吃不饱的年代，是不可想象的。也正因为工厂设施一应俱全，时任一汽厂长的饶斌甚至得了个"饶半城"的绰号。

更让长春感到自豪的是，这个企业的存在，在改变很多人命运的同时，也让它一下子摘得了"汽车城"这个称号。尽管汽车是"粗、大、重"的工业，但农业中国对工业的美好想象，却让这三个字充满着无尽的诗意和爱。

"创造条件让一汽翻身"也成了每个入厂员工，以及长春市民的共同心愿。在长春市第二次党代会上，市委做出了全力支援一汽的决定。1985 年出版的《瞭望》杂志上的一篇文章这样写道："接着在三年建设时期，数以万计的工人和干部为一汽的建设洒下了辛勤的汗水。"①很快，一汽便制造出新中国第一辆解放牌卡车，1958 年又制造出新中国第一辆东风牌小轿车和第一辆红旗牌高级轿车。

①　《长春，中国的"底特律"在腾飞》，陈广俊，《瞭望》，1985 年 06 期。

我国第一辆轿车东风 CA71 诞生于 1958 年 5 月 12 日

　　然而，文章很快便笔锋一转："三十年过去了，第一汽车制造厂和全国一样走过了一段坎坷的道路，产品落后了，技术改造没有如期进行。工厂大而全，生产效率低……"[1]

　　更让人觉得有些难受的是，"地方为一汽配套能力差，专业化协作没有真正建立起来。1983 年，长春市为汽车厂生产配套产品的产值仅为 6000 多万元，配套厂家只有 30 户"[2]。相反的是，美国东北部那个举世瞩目的城市——底特律，既有通用、福特、克莱斯勒三大汽车公司的总部，而且在底特律，"几乎找不到一

---

①　《长春，中国的"底特律"在腾飞》，陈广俊，《瞭望》，1985 年 06 期。

②　《长春，中国的"底特律"在腾飞》，陈广俊，《瞭望》，1985 年 06 期。

家工厂不是为汽车工业服务的"。

加上改革开放之后受进口汽车涌入、国内银根紧缩、二汽东风竞争等因素影响，原先按计划供给、根本不用担心销路的一汽，开始面临有史以来的第一次冲击。1980年，在长春市郊的荒地里，上万辆滞销的"解放车"排成长龙。为了加强自身的竞争力，一汽按照中共中央、国务院《关于国营工业企业进行全面整顿的决定》，开始推行以承包为特点的经济责任制，打破"大锅饭"体制。

从1979年到1986年，一汽开始了自身历史上的"二次创业"。在这期间，一汽完成了"拳头"产品——"解放车"的换型改造任务，不仅结束了中国汽车工业"30年一贯制"的历史，使老企业焕发出青春的活力，而且将中国的汽车工业带入了全新的发展阶段。

尤其是在党的十二届三中全会通过了关于城市经济体制改革的决定后，经中央有关部门批准，给予第一汽车制造厂技术开发权、外贸自主权和部分产品销售权，为企业真正成为相对独立的经济实体创造了条件。这样，一汽在"七五"计划期间就有可能集资20亿元，用于工厂的技术改造和新产品开发，实现年产20万辆的生产纲领。

与此同时，长春乃至整个吉林都以一种"无私"的热情，为一汽的发展"修桥铺路"。其中为一汽配套部分的产值估计占全省工业总产值的五分之一，所以全省的规划要围绕汽车工业这个重点进行。时任长春市市长陈振康表示，要像当年支援一汽建设那样，为一汽的技术改造和产品扩散选择好厂家。凡是一汽看中的工厂，都可以为其配套转产；已与一汽建立协作关系的专业化生产厂家，要不断提高技术水平，适应发展新产品的需要。

为此，吉林省及长春市都成立了支援一汽建设的领导机构，充分发挥地方政府的作用，当好配角。"市长陈振康挂帅担任规划总指挥，市计委一名副主任抓协作配套，建委一名副主任抓公用设施建设，商业局局长抓商店服务和副食品、蔬菜供应。可以说，整个城市都在谈论第一汽车厂的扩建、改造，都在为这个厂的兴旺发达出力、献策……"①上述文章中还提到了这样一个故事："去年夏秋之交，长春市委书记肖纯为给一汽让水之事驱车北上，来到德惠县。原来，为了解决长春市用水长期紧张的问题，市里在远郊修了一座水库。德惠县派出劳动力参加了水库建设。按协议，将有一部分水留给这个县。这时，第一汽车厂的技术改造和扩建工程上马了，日用水量达十万立方米。为此，市委专门召开了会议，决定把留给德惠县的水让给一汽，另拨专款打井，保证该县扩种水稻用水。"②

扶持一汽，就是在扶持长春自身的工业建设。一汽要发展，注定了它需要机械、农机、轻工、化工等行业通过合资经营、协作配套和技术合作等多种形式进行协作。比如说，一汽在生产轻型载重车的过程中，就准备把300余种零部件安排到地方和军工企业生产，其产值相当于轻型车总产值的59%——一汽的带动，

---

① 《长春，中国的"底特律"在腾飞》，陈广俊，《瞭望》，1985年06期。
② 《长春，中国的"底特律"在腾飞》，陈广俊，《瞭望》，1985年06期。

不仅使汽车生产由大而全转向系列化、多品种专业化协作大生产，还逐步改变了地方工业小而全的生产格局。与此同时，在长春当地的要求下，一汽还将一批有领导经验又懂技术的管理干部调往市属企业，充实领导班子。"长春市东风汽车厂由一汽调来五名领导后，调整了生产布局，挖掘内部潜力，汽车产量猛增，经济效益显著提高，一跃成为长春市的一大'富翁'。"①

想想随着一汽及长春客车厂、长春拖拉机厂等骨干企业的快速崛起，长春会呈现出怎样一个令人激动的面貌。这篇描述一汽技术改造的纪实文章有着一个醒目的大标题——"长春，中国的'底特律'在腾飞"。

长春成为中国第一个喊出"要做底特律"的城市。不过，让长春更有底气的，还是接下来的汽车产业的大变革。

一汽给长春带来了什么？

1988 年 5 月 17 日，一汽集团和奥迪经过谈判，签署了《关于在一汽生产奥迪的技术转让许可证合同》，随后，一汽集团开始生产（组装）奥迪 100 车型。

就如 2017 年就任一汽董事长的徐留平在回顾两家公司成功合作的历程时所说："中国一汽与奥迪的牵手合作，恰逢时代的

①　《长春，中国的"底特律"在腾飞》，陈广俊，《瞭望》，1985 年 06 期。

机遇，是双方洞见和勇气的成果。"①

　　"（20 世纪）80 年代中期，中国政府有三大项目旨在加速民族汽车工业的发展，除了上海的大众汽车合资公司，还有第二汽车制造厂同标致/雪铁龙（PSA）的合作项目及长春的一汽项目——首先是同克莱斯勒的合作。一汽当时是世界第四大卡车厂，如今是最大的了。"在回忆录《我在大众汽车 40 年》一书中，时任大众汽车集团 CEO 的卡尔·H. 哈恩（Carl H. Hahn）如此描述了大众与一汽正式签署合作协议的这段历史："李文波博士自 80 年代中期起就很成功地领导着大众汽车公司设在北京的办事处，1986 年他听说长春一汽正在原先的卡车生产区域之外修建一座巨大的轿车工厂。一汽的高层在跟克莱斯勒谈判过之后，1986 年年底也通过李博士和上海的大众汽车进行了最初接触。但在那里没得到多少响应。我们在上海的中国小组拒绝合作。"

　　此时的一汽想必内心有些崩溃。很早就制造出了红旗轿车的它，也很想利用"市场换技术"，进军轿车市场。因为引进了克莱斯勒 488 的发动机，一汽真心实意地希望在轿车生产上与该公司进行全面合作。

　　但是在真的底特律面前，还有些弱不禁风的"东方底特律"并没有赢得相应的尊重。克莱斯勒的傲慢和狮子大开口——比如

---

① 《携手三十年始终不忘初心 | 一汽奥迪仍愿"先行"，开启"新合资时代"辉煌！》，邓邓，广州参考，http://gzcankao.net/news/detail？nid=299396，2018 年 11 月 26 日。

说要一汽另交 1760 万美元的天价"入门费"，就让人很难接受，谈判难免反复。但这对哈恩来说是意外之喜，自从与上海汽车合作以后，哈恩就一直想在中国找到第二家合适的合作伙伴。

"我的朋友瓦尔特·莱斯勒·基普（Walther Leisler Kiep）1987 年在北京偶然听说此事。谢天谢地，他立即'打扰了'正在度暑假的我。"哈恩写道，"幸好这一年我在我的夏日别墅里安装了一台传真机，我立即在我的小型日本打字机上给耿昭杰厂长（当时一汽的总经理、董事长）写了一封信，24 小时内我就收到了他的访问邀请。"

正是这封传真，让哈恩做出了历史性的决定，也使得中国一汽继上海汽车后有了与大众合作的机会，这在一定程度上改变了中国汽车工业的格局。

哈恩记得，长春最初给人一种荒凉的印象。宽阔的大街上，是没有尽头的、沉默地骑着自行车的人流。"我们的开道警车领着我们从他们中间穿过。沉默的自行车手既不理睬警察的警笛，也不理会嘎嘎响的喇叭。"

不过，等到他 2003 年再到长春时，"又一次受到了一个超大型的代表团的欢迎，代表团包括省政府、市政府、一汽，外加一汽—大众—奥迪组成的代表团连同警车护卫队。在我们首次来访后的十年里，长春本身发展成了一座现代化大都市，完全比得上中国的沿海城市，最后这次逗留期间我的这一印象特别深刻。我获得荣誉市民称号，这让我万分高兴，这是我继沃尔夫斯堡、开姆尼茨和茨维考之后第四个荣誉市民称号"。

改变长春面貌的，无疑是一汽在合资之后的快速腾飞。它既实现了自身结构的又一次调整——通过合资，加上兼并、重组、改造轻型车生产企业，形成了中、重、轻、轿并举的局面；与此同时，又让整个长春都因为这个"巨无霸"的存在而受益匪浅。

随着一汽与奥迪历史性的牵手，一汽在合资之路上加足了马力。1991 年，一汽—大众成立。2000 年，一汽丰田成立。此后，一汽又相继与马自达及日本大发实现了一定的合作。自此，今天人们耳熟能详的汽车品牌，如捷达、速腾、宝来，卡罗拉、威驰、锐志、皇冠，源源不断地从一汽的工厂驶向中国的街头巷尾。

在《2000 年长春市国民经济和社会发展统计公报》中我们可以看到，这一年的长春市国民经济整体运行良好，全年实现国内生产总值 824 亿元，比上年增长 13.1%。其中，第二产业增加 365 亿元，增长 17.4%；第三产业增加 338.1 亿元，增长 14.0%。相反，第一产业增加 120.9 亿元，比上年下降 5.1%。

在快速增长的第二产业中，形成了以汽车、农副产品深加工和高新技术为主的三大支柱产业，它们占工业总产值的比重达到 80%，成为拉动全市经济增长的主导力量。

与此同时，随着 20 世纪 90 年代中期分税制改革的完成，一汽上缴的利税中有 70% 给国家，剩余 30% 才由吉林省和长春市平分。即使是这样，这段时间一汽每年的利税仍可占长春市财政收入的 70%，占吉林省财政收入的将近一半。

这也让长春进一步抱紧一汽这条"大腿","举全市之力支持一汽发展"。2004 年前后,中国汽车产业遇到了一定的困难,加上一汽经营不景气,直接导致长春市的经济指标下降。当时就有人提出,"一业独大"的产业格局是否合理。但当时长春当地的领导却指出,不怕"一业独大",就怕还不够大。此后,长春市更是加快了打造汽车支柱产业的步伐,吉林省甚至还专门发文提出了多项支持一汽发展的措施。

2008 年第 12 期《三联生活周刊》在报道长春的一篇文章《长春的"底特律"想象》中,曾提到了这样一件事:"在一次接受江苏某媒体记者采访时,长春市市长崔杰坦承:有一段时间,我们非常羡慕苏南地区,包括温州一带,汪洋大海似的民营经济,企业'个头'不是很大,但是每一个都做得很好,几亿元、几十亿元汇集起来排山倒海。现在看来长春好像走不通这条路,作为长春,我们就得走'一业独大'的路子,然后围绕汽车产业形成产业群,带动整个城市经济的发展,我们只能走这种所谓的大项目经济。"

2005 年,长春为了帮助一汽剥离自身在特殊年代所承载的社会职能,轻装上路,更是对自身的行政区划动刀,将一汽原先所在的绿园区的锦程街道,西新镇繁荣、东山、西新、日新 4 个村,开源村西湖水面与湖畔一定空间及其代管的汽车贸易开发区,一并划出并组建了新的长春汽车产业开发区。

这是一个迫不得已但是必然的举措。《三联生活周刊》当时还采访了一些一汽员工，进而得知，"以前一个家庭3个子女都进汽车厂工作，解决这部分人的就业是大问题。一汽负担最重的卡车项目上有6万人，几乎占到整个一汽员工的一半"。这些是一汽当年吸引人的亮点，但在市场化的进程中，却又成了效率低下的困境之源。

得益于汽车产业开发区的成立，一汽在3年之内将所承载的社会职能从18项剥离到只剩下2项。但是长春很快就意识到，成立汽车产业开发区，应该以发展的目光来看问题，它的未来不应该仅此而已，而应该以打造汽车产业集群、建设国际汽车城为主。

今天的汽车产业开发区，一汽是独一无二的老大，除了建有一汽解放、一汽–大众、一汽丰田等三大主机厂，还有奥迪Q工厂。同时，围绕着一汽，还有300余家汽车零部件企业，如一汽富维、杰克赛尔空调、一汽铸造、一汽锻造、一汽模具中心等在国内较有影响力的企业都"落户"于此。再加上像中海这样的一汽奔腾经销商，它们紧密地与一汽形成了一条完整的链条，自此在同一条船上休戚与共。从这里可以看出，今天的汽车产业开发区，承担的更多的职责是整合全市汽车产业资源，吸引国内外汽车零部件产业，在扩大产业集聚效应的同时，进一步提高产业基地的综合实力，为建设国际汽车城奠定基础。

不得不说，新区划使绿园区域面积减少了四分之一，但长春却因此多了一个建成区面积25平方公里、全域面积110平方公里的"聚宝盆"。

60多年的发展和调整，让一汽很好地担负起了作为"共和国长子"的重任，也让它在悄然之间改变了长春的人才、地理及产业结构。长春和一汽形成了"你中有我，我中有你"的亲密关系。今天，很多人谈起长春，都难免会提到这样一个问题——如果没有一汽，长春会变成什么样？

这种假设的结果很难想象。反过来，我们却可以清楚地看见，正因为有了一汽，长春才会成为中国著名的"汽车城"之一，甚至被看成"中国的底特律"。

这无疑是一种幸福。不过，在这种幸福的背后也藏着隐忧：捆绑得太紧，一旦一汽感冒，长春就会打喷嚏。

单一产业的诅咒

谁也想不到，底特律会有衰败的一天；同样你也想象不到，长春很快就遭遇了前所未有的挑战。

2015年1—11月，长春工业总产值突然下降了11.5%，而在上一年，长春的工业总产值实现了6.7%的增长，2013年的增长率则是10.7%。这一年，除了长春，包括哈尔滨、沈阳、松原在内的整个东北的经济都在急速下坠。统计数据显示，2015年，吉林、黑龙江、辽宁的GDP增速分别为6.5%、5.7%、3.0%，远低于全国GDP平均增速，这不禁让人发出了"救救东北"的呼声。

长春所遇到的挑战，也是整个东北遇到的挑战。过去整个东三省靠近苏联的优势，随着国际形势的巨变而不复存在；更重要的是，市场经济在全国的全面铺开让市场成了配置资源的胜负手，但东北浸淫在老国企氛围中多年，习惯了"等、靠、要"，在服务意识和营商环境的打造上欠缺动力和活力。因此，当沿海城市致力于"放水养鱼"时，东三省却给人留下了"投资不过山海关"的笑谈。

相对于哈尔滨、沈阳等城市，长春的失落还在于它的汽车产业出了问题。早在2007年，这种迹象就开始显露。这一年，一汽集团的销量刚被上汽集团超越，一汽集团从"老大"滑落到了"老二"的位置。但这种"自由落体运动"并没有就此停息。2009年7月，一汽集团被二汽也就是东风汽车超越，沦落为"老三"。2015年1月，长安汽车销量首次超过一汽集团，且在2月将领先优势进一步扩大，一汽集团沦为第四，在中国四大国有汽车集团中排名最末。

这让外人一度疑惑不解，根正苗红，又有着一汽－大众、一汽丰田等强势合资品牌的一汽，为什么会"越活越难受"？

但顺着历史显露的蛛丝马迹，我们不难找到它内藏的病因。刨根问底，这多少跟一汽身为国企，更是"共和国长子"有关联。它不可能像很多民营企业那样在商言商，而是在商言政，不仅要讲经济效益，更要讲社会效益，它身上捆绑着一堆包袱，于是也就有了长春成立汽车产业开发区为它减负的事。

另外，作为老国企，一汽为国家的建设贡献了自己的青春和力量，但时间一长，它也难免会患上传统国企的通病。那就是战略目标不明、管理混乱、经营权和所有权不分，这最终导致企业权责不明，各种资源重复、浪费。

更重要的是，作为"市场换技术"的先行者及典型代表，一汽过分依赖合资品牌带来的光环和利润，加上国家为了扶持一汽、维护一汽，不仅要政策给政策，还曾对汽车行业施行非常严格的"计划生育政策"，为一汽扫清了对手。这带来了两个弊端，一个是换不来核心技术，另一个是让一汽躺在功劳簿上不思进取。拐杖多了，反而不会走路了。最后，它在自主研发上摇摆不定，即使有着好的资源，也因为自身产品策略失误加上反应迟缓，不免后继无力。

这其中就包括拥有"贵族"血统、本让人看好的红旗——2016年全年只卖出了4800辆；此外，一汽为打造欧朗花费几亿元的研发资金，然而很多人连一汽欧朗这个品牌都没有听说过，它就已经消失在市场中了；夏利——曾经的"神车"，中国汽车进入普通家庭绝对有夏利的一份功劳——今天已经"泯然于众人"也；2006年创办的奔腾汽车也曾被人寄予过厚望，但在过去相当长的一段时间里，谈起"奔腾"，很多人的第一印象却是奔腾电动剃须刀。

这给一汽带来了巨大的直接损失，但更大的损失在于，当越来越多的合资品牌在中国攻城略地，挤占一二线城市市场，而三四五线城市成了汽车新"蓝海"时，一汽却没有很好的自主产品来实现自身在更新的市场中攻城略地的目标。与其相反的是，不管是日后走向正向研发的奇瑞、吉利、长安，还是凭逆向开发实现突破的比亚迪、长城等车企，都逐步完成了三四五线城市的市场布局，一些车型甚至冲进一二线城市市场，成功向上逆袭。

而在新能源方面，一汽也是"起了个大早，赶了个晚集"。早在 2012 年，一汽轿车便计划投资 43.48 亿元在长春建设新能源工厂，原本预计 2014 年 7 月建成投产，但直到 2017 年依然没有完成。最后，这项耗时 5 年的工程宣告终止，这也让最早提出新能源汽车产业规划的一汽集团在基础设施建设上没能将产品转化落地。最终通过一些资本的运作，借助新势力造车及战略联盟的方式，一汽才"搭"上了新能源、共享出行等方面的"车"。

一汽的一次次感冒，让长春连续打了好多个喷嚏。在某种意义上，我们可以将长春的遭遇视为一种"成长之痛"，这也是底特律衰败的一大原因。

今天，当我们回头审视底特律的衰败，也可以在明面上找到好几个原因。比如 20 世纪六七十年代黑人涌进底特律，造成了"白人逃离"，严重地打击了底特律汽车产业的研发与消费；比如世界汽车业公认的高福利——当年福特的高薪，开启了美国汽车时代的荣耀与传统，但也为它的发展铸上了一副枷锁；还有就是 2008 年金融危机的爆发，让北美大陆更多依靠金融政策推动的内需，在释放上放缓了步伐。

但更内在的原因，是单一产业的诅咒。汽车产业的兴旺成就了底特律，然而一旦汽车产业出问题，底特律也就跟着出问题了。

2013 年 7 月 18 日成为底特律的"耻辱之日"。这一天，底特律这座"汽车之城"正式申请破产保护，成为美国历史上最大的破产城市。

它一定没想到，这一破产保护的申请，给远在千里之外的中国城市带来了怎样的心理冲击。尴尬的不仅是长春，还有更多在这一时期争取要做底特律的城市。

不只是长春，"那些在中国车市占据着举足轻重的地位，撑起了车企百万产销规模的产能落脚之城，都希望在前缀上挂上一个'中国底特律'的帽子"。因为这顶帽子里，装的是荣耀和满足，"如同中国的'华尔街'、中国的'比尔·盖茨'一样，满是荣耀……"一篇题为"谁是中国的底特律？"的文章中这样感慨道，"无论是撑起东风集团半壁江山的武汉，还是一汽集团已经成为城市名片的吉林长春，哪怕是观致、奇瑞·捷豹路虎的根据地常熟，无论城市大小，内心都有一股狂热，'或许某一天我将会是中国的底特律'，这样的呐喊在心里、在梦里回旋、荡漾，想想都有点激动。然后，又是新一轮的产能扩张，乐此不疲"①。

这些荣耀的刺激，加上 2009 年中国车市经历井喷式发展，超越美国成为全球最大的汽车市场，"中国底特律"的梦想进一步发酵。除了长春、武汉、重庆，还有十堰、上海、宁波、广州等城市都曾抒发过，或者幻想过成为"中国底特律"。

---

① 《谁是中国的底特律？》，周培，第一财经，https://www.yicai.com/news/5260480.html，2017 年 4 月 5 日。

2013 年，时任重庆市市长黄奇帆曾在首届中国汽车市场发展高峰论坛上公开表示："2015 年重庆将会成为'中国的底特律'。"此言论一出，在业内激起千层浪。无独有偶，西安高陵县县长也曾放过豪言，要把高陵县打造成为"中国底特律"。但豪言犹在耳，学习的偶像却倒了。

不过，它的倒塌却来得恰如其时，犹如一盆必要的凉水，泼在了"大跃进"式的热情上，让长春及其他各大城市清醒。

就在长春的工业面临问题的 2015 年，《21 世纪经济报道》记者在走访广州、长春、武汉、重庆等以汽车为支柱产业的城市，以及上海、北京、天津等汽车产业大市之后便发现，汽车"跳水"砸到了 GDP（国内生产总值）。随着汽车销量在 2015 年上半年"忽然跌至谷底（除 2008 年全球金融危机之后的那段时期外）"，《21 世纪经济报道》的报道中写道，"汽车对经济的影响反转过来，由拉动变成拖累"。

该报道还援引了广州本地媒体的相关数据，广州第一大支柱产业汽车制造业生产处于负增长状态，累计实现产值 1334 亿元，同比下降 4.5%，拉低全市规模以上工业增速 1 个百分点；上海也因为上汽大众和上汽通用等"汽车制造巨舰"的销量陷入低增长，其上半年第二产业增长缓慢。据 2015 年 7 月 16 日发布的数据，上海 GDP 增长 7%，其中第二产业只增长 1.9%，而在汽车市场火爆的 2013 年，这一增长数据是 6.1%。[①]

然而即使汽车产业倒下，上海和广州还有金融及其他装备制造业，不会元气大伤，但是几十年来一直围绕着一汽打转的长春，又有什么呢？

"长春保卫战"

2013 年 11 月 12 日，距离底特律破产刚过去没几个月，长春市政协便召开了底特律问题研讨会。

底特律由盛而衰，显然让长春触动很大，而且心有戚戚焉。"长春作为以汽车为主导产业的城市，很有必要对底特律破产的原因及教训作认真研究和深入思考。"《长春日报》对此报道说。此时的崔杰，尽管已不在市长任上，而是担任政协吉林省长春市第十二届委员会主席，但是他对长春的汽车产业依旧关心有加："按照崔杰意见，市政协协调组织市城乡规划设计研究院相关人员开展了'底特律问题'专题研究，综合编译成《底特律问题研究——发展、衰败及启示》一书，取得了阶段性研究成果。省委常委、市委书记高广滨对研究成果作出重要批示，要求我市有关方面认

---

① 《车市低迷　汽车"跳水"砸到 GDP》，周开平，《21 世纪经济报道》，http://www.21 jingji.com/2015/7-30/2NMDA5NzVfMTM4MTA2NQ.html，2015 年 7 月 30 日。

真研读。"[①]

　　如今的底特律，显然已成了各大汽车城的"敏感词"，大家似乎意见一致地不再争当底特律，而是转为如何避免成为底特律。

　　不过，不再争当底特律、避免成为底特律，并不意味着就可以对汽车产业弃之不顾。相反，在长春看来，"还要坚定不移地走新型工业化道路，全力以赴做大做强汽车产业"；但与此同时，"要增强危机意识，深入研究把握城市发展规律，在完善城市规划、优化产业布局、转变发展方式等方面，做到未雨绸缪，防控化解风险，绝不重蹈一些西方发达国家把实体经济'清出去'又'请回来'的再工业化覆辙，确保经济社会持续平稳健康发展"[②]。

　　如今的长春，也正在打两场保卫战——一场是汽车产业保卫战，一场则是城市保卫战。两场战争相辅相成，缺一不可。

　　在汽车产业保卫战中，长春需要做的，一方面是留住一汽的"心"，一方面是推动一汽的"身"。

　　十多年前，受困于长春的区域位置，一汽就准备将集团总部的部分职能从长春迁到北京，甚至已经选好了地址，但最终由于长春当地政府的坚决反对而放弃了。如今，为了解决自身人才匮乏、无人才愿意北上的痛点，同时促使自己勇于走出安逸区，摆

---

① 《汲取经验教训　助力转型发展　市政协召开底特律问题研讨会》，张源珊，《长春日报》，2013 年 11 月 14 日，第 02 版。

② 《汲取经验教训　助力转型发展　市政协召开底特律问题研讨会》，张源珊，《长春日报》，2013 年 11 月 14 日，第 02 版。

脱旧日的惯性思维,实现自身的内在变革,并在销售、研发、设计上尽可能地贴近自身的核心市场,一汽一直在谋求着"走出去"。比如在东北的长春、西南的成都、华南的佛山、华东的青岛、华北的天津全面布局一汽－大众五大基地;又比如说,一汽－大众奥迪在 2017 年 8 月将销售事业部从长春搬迁到北京之后,又很快曝出了一汽－奥迪的全新销售公司将设在杭州的消息。

对此,长春无须失落。毕竟这些机构走出去,贴近企业的核心市场,可使一汽既留住现有的优势资源,也可以整合在长春难以得到的稀缺资源。一旦一汽在销售、研发和设计方面的瓶颈突破了,企业复兴了,自然就能让长春自身的制造基地优势得到更大程度的发挥,从而造福于本地。

与此同时,长春更要以一种极大的热情配合一汽的再发展。《中国工业报》了解到,"其发展战略也正在有意识地与一汽的发展契合"。

2017 年年底,"该市在部署将自身培育成东北亚区域性中心城市战略蓝图时就确定:将积极打造汽车及零部件等三大世界级先进制造业集群;倾力布局和引导发展中高端汽车产业链;支持一汽提升自主品牌,发展新能源和智能网联汽车"。①

到了 2018 年年初,长春当地政府又与一汽签署了战略发展框架协议,按照"推动汽车产业集群发展,着力培育打造世界级

---

① 《长春多举措　全力支持一汽发展》,王斌,《中国工业报》,2018年 8 月 10 日,第 2 版。

汽车研发、制造、服务基地"的要求，长春市将携手一汽集团，以"解放思想"——开放创新以转变发展模式、"高举红旗"——扛起产业复兴新"红旗"为己任；同时立足于"中国汽车城"这一独特的历史地位，力求砥砺共进。①

事实上，长春在东北这一轮经济收缩中无疑是表现最好的一座城市，GDP 增速高于东北另外三座副省级城市。在保卫汽车产业的同时，长春意识到自己不能重蹈覆辙，必须尽快改变"单一产业"给自己造成的一荣俱荣、一损俱损的局面。

除了一汽，长春拿得出手的还有前身为长春客车厂的轨道客车。1969 年 10 月 1 日，标有"长春客车厂制造"字样的地铁客车首次亮相首都，长春客车厂也连同北京地铁一并被载入史册。经过和一汽差不多年岁的发展，今天的长春客车厂已经不满足于国内龙头老大的地位，而将愿景设定为"成为轨道交通装备行业世界级企业"。

长春还将因地制宜，着力发展包括光电产业在内的新兴产业。要知道，新中国在光学领域建立的第一个研究所，是由中科院长春光机所与中科院长春物理所于 1999 年整合而成的中国科学院长春光学精密机械与物理研究所（简称长春光机所）。依托这样宝贵的科研助力，长春的光电产业应有很大的想象空间。

对长春来说，未来要想突破自身的瓶颈，也一定要在新能源、

①　《长春多举措　全力支持一汽发展》，王斌，《中国工业报》，2018 年 8 月 10 日，第 2 版。

新材料和大数据等产业上发力。过去，长春在工业自动化上做得不错，但在信息化层面还存在欠缺。如何在信息化改造上下功夫，也决定着长春工业在未来是落后还是进步。

还让长春吃了一颗定心丸的是，国家对"黑土地"的关注度在近些年来日益提升，"振兴东北"也成为重要的国家战略之一。

随着城市一体化进程的推进，长春找到了重新焕发青春的机会。2019年，吉林省发布《长春吉林一体化协同发展规划（2019—2025年）》，宣布省会长春市与昔日的省会吉林市（1954年以前）联手，开启一体化发展模式。吉林省政府表示，长春市与吉林市一体化是要形成省内中部经济隆起带，促进吉林省乃至东北地区的振兴。为此，吉林省通过在产业、交通、服务、开放等层面给予一系列支持政策，努力打造以长春为中心的经济圈。

这无疑会提振一汽在长春发展的信心，并为"振兴东北"尽自己的力量。这既是要求，也是情怀。今天的一汽又一次开启了自己的再创业进程。面向新时代发展，集团已明确提出了"扛红旗、抓自主、挺创新、强合作"的"四步走"战略，其目标是通过十年的努力奋斗，全力以赴把一汽打造成"中国第一、世界一流"的出行服务公司。

更重要的是，它一定会让诸多外地车企改变对东北的态度。随着吉利布局大庆，二汽北上大连（2014年东风日产在大连建厂），华泰控股丹东当地拥有"黄海客车"和"曙光车桥"两大名牌产品的曙光股份，再加上近在沈阳的华晨宝马，以及钢城鞍山在 2018 年全面建设的中德高端汽车零部件产业园，东北也越发成为汽车产业的又一重要据点。

有时我们不能不佩服大庆的远见，在吉利并购沃尔沃还为很多人所不屑的初始，它就主动向李书福抛出了橄榄枝。

在 2019 年 4 月 26 日的《大庆日报》专题报道《"大庆之年"看大庆》中，其既为 60 年前在大庆发现具有工业价值的油田，一举为中国揭掉"贫油国"帽子而自豪，同时也认识到，作为一种不可再生的资源，石油总有递减衰退直至枯竭的一天。大庆如何实现经久不衰？在某种意义上，包括汽车产业在内的非油产业，成了大庆新生的"星星之火"。

如今的大庆一边抓住吉利不放手，做大做强沃尔沃，另一边为了引进更多的"金凤凰"，努力将自己的汽车产业从零开始完完整整地搭建出来——2016 年 8 月 24 日，与沃尔沃工厂仅一路之隔，大庆延锋江森汽车部件系统有限公司年产 20 万套汽车座椅项目建成并正式投入生产——这是大庆引入的第一家汽车配套供应商。此后，大庆的汽车产业建设开始加速。2017 年，由中房联合集团投资 21.2 亿元兴建的大庆汽车城动工，该项目规划了汽车展示、销售、信息平台，汽车综合配套服务、完备生活配套设施等多元业态。大庆当地将它视为"汽车产业巨轮"，希望它驶着整个大庆在新形势、新情况下努力奋进，在成为大庆汽车后市场的龙头企业之外，也能成为大庆的一张新的名片。

作为沃尔沃 S90 车型的全球工厂，大庆工厂通过中欧班列及海运，出口汽车遍布欧洲、美洲、大洋洲，以及韩国、中国香港等国家和地区，出口率近 40%。

2017 年年尾，大庆的汽车产业还表现出了一个新动态——在全省率先正式启用 6 位号码的新能源汽车专用号牌。一台大巴车的"黑 E03678D"号牌，成为大庆新能源汽车"第一号"。随着新能源汽车在大庆的落地，相关配套产品也在大庆投入研发和运用——当地有企业自主研发了云烯能充电桩，可有效解决充电费用高、温度低时难以充电、充电慢及半途没电等四大"痛点"。

从产油到产车，大庆正锐意向千亿级汽车产业集群目标冲锋。这不仅为大庆实现转型给出了高分答案，而且给东三省的"汽车产业池"中又放进了一条鲇鱼。

对手不断地打上门来，并极力地彰显"肌肉"，抢占份额，在一些人眼里，这是威胁，是危机。但我们只要看看中国车企在东北的布局地图，就会发现，正是这些车企的到来，才让东北拥有了一条从北到南的千里汽车产业走廊。

如果说很长时间以来，东三省是约定俗成的地理概念，那么这条汽车走廊则真正地将东三省紧密地串联到了一起。它不仅贯穿黑龙江、吉林、辽宁三省，更重要的是，走廊上的每个节点城市，都在各省有着相当重要的地位。

哈尔滨不用多说，它是黑龙江省省会，也是东北北部的交通、政治、经济、文化、金融中心，2018 年全年规模以上工业增加值增长 5.8%，高于全省 2.8 个百分点，和大庆一起成为全省仅有的两个 GDP 总量达到 2000 亿元的城市——在 21 数据新闻实验室汇总整理各地 2019 年上半年经济数据得出的"2019 年上半年城市 GDP 百强榜"中，黑龙江省只有这两座城市进入榜单。

　　沈阳和大连相对来说更具有知名度，前者是国务院批复确定的中国东北地区重要的中心城市、先进装备制造业基地和科技

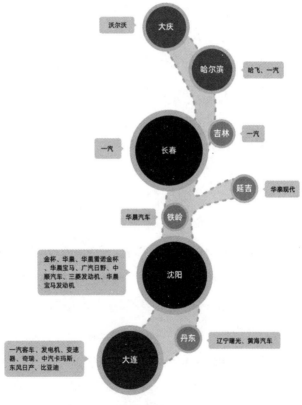

沃尔沃　大庆

哈尔滨　　哈飞、一汽

一汽　　长春　　吉林　　一汽

延吉　　华泰现代

华晨汽车　　铁岭

金杯、华晨、华晨雷诺金杯、华晨宝马、广汽日野、中顺汽车、三菱发动机、华晨宝马发动机　　沈阳

一汽客车、发电机、变速器、奇瑞、中汽卡玛斯、东风日产、比亚迪　　大连　　丹东　　辽宁曙光、黄海汽车

东北汽车产业带（制图：鱼大大）

创新中心，常住人口 829.1 万，后者则是沿海开放城市，也是老工业基地城市。2017 年，大连市 GDP 总量为 7363.9 亿元，力压省会沈阳（5865 亿元），位居辽宁省第一位，占全省 GDP 总量23942 亿元的 30.76%。

而位居这条汽车产业走廊中心地带的，正是长春。主动请缨承担东北振兴重任的长春，比所有人都欢迎这条汽车产业走廊。一旦借助汽车产业形成呼应，上下联动，这条走廊给东三省带来的经济向心力是不可想象的。

身处东北腹地的长春，太需要周边更多的城市来参与汽车产业的竞争。因为竞争不仅能促使双方解放思想，注重产品本身和创新及顾客的消费体验，而且还会形成产业氛围，从而有机会促成人才的回流及产业集群的进一步形成。

更可贵的是，在当前城市人口争夺大战的背景下，长春市区每 10 人中就有 1 人是在校大学生，每年 12 万毕业生可留 6 万人。长春有着一所 7 万人的超级大学——吉林大学，7 个校区分布在长春市的各个角落。有人戏称，长春市是建在吉林大学里的一座城市。不仅如此，如今长春还有高等院校 32 所，是中国大学在校生占城市人口比例最高的城市，这为长春注入了一丝青春气息，校园也成为重工业以外的一道靓丽风景。

这些都是底特律很难获得的机遇。谁也不清楚，底特律是不是会无可避免地衰败，但长春可以坚信，自己有不一样的未来。

十堰：一个时代的重启

　　2003 年对十堰来说，是它不愿回首，但在历史中又必将被提及的一年。这一年的 9 月 28 日，在五彩缤纷的礼炮和欢乐的鼓乐声中，时任东风有限公司党委书记的苗圩在东风公司总部搬迁暨行政中心奠基仪式上宣告：将行政中心迁至武汉，是东风公司着眼参与国际竞争合作，实现做强做大战略目标的重要一步。在东风雄心壮志的背后，十堰这个被汽车"拉来"的城市却百感交集，有一种被遗弃的苦涩。

　　单纯从感情上来说，十堰也不愿意东风迁离。如果没有东风，它可能还是一个藏在秦巴山间、武当山下的偏远山沟里，隶属于湖北省郧阳地区郧县的小镇。

　　十堰的历史也不算长。明代时，其因当地民众沿母亲河——百二河垒石为埂、拦河筑坝十处而得名。从十堰这个名字上，也可以看出此地属于典型的山区农耕文明。它需要垒起十道堰，才能平整出土地以种庄稼。

尽管在明清时期，郧县的"十景"之一便有"十堰春耕"，但显然，囿于此地山峦纵横，先民们以农业为生，却一直与发达无缘。工业更是毫无基础，全镇上下只有一间打铁店，只要一打铁，"叮叮当当"的声音就足以传遍整个小镇。

另外，因为此地多是深山密林，加上处于鄂、豫、川交界之地，朝廷管理力量薄弱，所以经常成为农民起义军的活动区域及流民的落脚地。

今天，走在十堰这座鄂西北地区的重要地级市里，你无法将它与当年的落后面貌联系起来，更难以想象这里曾被长期贴上"战乱""流放"的历史标签。

激活并改变它的，正是先进的现代汽车工业文明。

汽车"拉来"了十堰

1952 年年底，一汽建设方案刚刚确定，毛泽东主席就作出了建设二汽的指示："中国这么大，光一个一汽是不够的，要建设第二汽车厂。"而一汽的命名，也为这个国家建设二汽、三汽留下了充分的遐想空间。

就在一汽奠基的 1953 年，二汽第一次开始筹备并选址。根据东风一位退休高级工程师的回忆，刚开始，它被定在湖北武昌的答王庙——如果一开始就定在武汉，便没有日后十堰什么事了。不过苏联人提醒，武汉有长江大桥及一些大厂，不利于国防，万一战争打到武汉，二汽有可能就不存在了。后来厂址改选在四川成都的牛市口，但由于"一五"期间基建项目过多，二汽项目遂于1956年年末下马。

等到1958年，毛泽东再次提出要建设第二汽车制造厂，中央决定建在江南。国务院副总理李富春提议建在湖南，长沙市长沙县的榔梨镇（后撤县设立榔梨街道）、常德的德山及芷江先后成为意向选择地。但由于很快遇上了"三年困难时期"，项目又一次被搁置下来。

时间到了20世纪60年代，中国与苏联关系全面恶化，感受到国际形势异常严峻，国内开始做最坏打算，万一如当年抗日战争时那样遭遇半壁江山沦陷的情景，就必须进行大小"三线"建设。尤其是1964年美国突袭越南北部湾，越战规模瞬间升级，战火烧到中国西南，更是让人感到这种建设迫在眉睫。而此时中国有实力的汽车工厂只有5家，全都在沿边沿海地区。为了确保自身的汽车工业生产安全，建设二汽第三次被提上日程，而且必须根据"靠山、分散、隐蔽"的六字方针，重新确定厂址。正是基于国防等战略考量，十堰这一偏远落后的鄂西北山区，竟成了最佳之选。

一方面，它位于秦巴之间，符合"三线"工厂的布局要求；另一方面，厂房可以分别建在该地区40多条高差150米左右的山沟里，能隐蔽，可躲避美、苏导弹的打击。

当然，十堰在当年也不是一无是处。它相对闭塞，但也具备一定的地理优势。因为位于三省交界处，进可到关中，退可达四川，加上悠悠汉江从十堰城北而过，汇入东边的丹江口水库，进而途经襄阳、宜城、钟祥、天门、潜江、仙桃、汉川等市县，最后于武汉市汉口龙王庙汇入长江。这样一来，从这里还可以顺江而下，一旦遇到战争，这里非常有利于物资运输和人员撤离。

再加上当时由铁道部第二勘测设计院设计的川豫线（后称襄成线，即现在的襄渝线）自 1968 年 4 月开始修建，到 1975 年 11 月临时运营，1979 年 12 月全线建成并正式交付运营，这让十堰又多了个面向外界的"出口"。这条铁路先经湖北省襄阳市（原襄樊市）、十堰市进入陕西省，后过安康市折向西南进入四川省，再经达州市、广安市抵达重庆市，不仅横贯鄂、陕、川、渝三省一市，而且东与汉丹、焦柳铁路衔接，中与阳安、西康铁路相通，南与达成、达万、巴达、遂渝、兰渝、成渝、川黔、渝怀铁路相连，可谓是当年联络中原和西南地区的交通大动脉。二汽之所以选址在十堰，也是因为选厂工作组离京前曾在铁道部了解到这条线很有可能途经十堰的消息。

1967 年，二汽在十堰的炉子沟为自己的"出生"举行了开工典礼，从此，中国工业建设的序列里出现了它的全名——第二汽车制造厂。尽管这个选址在随后也引发了争议，但是就如同《中国汽车史话》一书中所写的：周恩来一锤定音，就建在十堰。①

　　1969 年，二汽在十堰开始了大规模的建设。这年的 1 月 9 日，经国务院批准，第一机械工业部、武汉军区在十堰地区召开二汽建设现场会，全国 106 个单位参加会议。会议宣布，经武汉军区批准成立二汽建设总指挥部。

　　5 月，当时的建工部迅速调集了国内建筑行业的精干力量，第八工程局（也称建工部华北工程局）大部、北京市第三建筑公司大部、第六工程局参加大庆建设的五公司、国家建工部所辖来自其他省市的建筑施工力量，以及归属建工部的沈阳、武汉、北京、包头的技工学校部分应届毕业生和 1969 年一批湖北籍复转军人。在很短的时间内，他们与其他众多建设者一样，从祖国的四面八方奔赴十堰，成立了"国家建委 102 工程指挥部"，承担起第二汽车制造厂的建设任务。

　　之所以称为"102"，有人认为，这与二汽被批准建设的日子有关。1965 年 10 月 1 日至 10 月 3 日，毛泽东连续批准了 3 个大型企业建设项目，10 月 2 日批准建设的就是二汽。也有人说，"102"是指共和国成立以来党中央、国务院批准建设的第 102 个工程项目。但不管如何，"102 人"成了二汽建设大军共同的名称。

　　在这些"102 人"的记忆中，当时进十堰要走一条很窄的土路，坑坑洼洼。"没有路，骑毛驴去"，这是当时的号召。出现在他们眼前的这个偏僻小镇则让人感叹：十堰真奇怪，一条马路直通

———————

① 《中国汽车史话》，徐秉金、欧阳敏著，北京：机械工业出版社，2017 年。

外；说它是城市，种瓜又种菜；说它是农村，工厂山沟盖。但是，艰苦的环境扑灭不了建设者们的热情，对于他们来说，"先生产，后生活"。没有住房，就将芦席抹上泥，搭起简易棚子，十几个人住在里面；棚里半间都是大通铺，饮用水泛黄混浊；夏天40℃以上的高温，常常让人夜不能寐。虽然如此，大家仍斗志昂扬、心无杂念，一心扑在建设上，"刮风当电扇，下雨当流汗"①。

　　来到这里的，还有很多专业的汽车人，这里面包括一汽的部分干部。为了援助二汽的建设，一汽的干部和骨干当年被分成了三部分，一部分留一汽，一部分到全国支援重点机械工业建设，一部分到二汽。

　　甚至就连二汽的首任厂长，也是那位将第一锨黑土抛向由毛泽东主席亲自题词的一汽建设奠基石的饶斌。他在带领一汽发展壮大之后，又奉命来到武当山下，主持创建二汽。他在给爱人张矛的信中这样写道："这里点油灯，睡硬板床，吃苞米饭，我并不觉得苦，反而觉得好像回到抗战初期一样，对这种简陋的生活条件有一种亲切感。"

　　与此同时，一汽还拿出自己的地盘，帮助二汽发展业务。今天东风汽车公司发动机厂的一个最原始的行政单位，也就是二汽发动机厂的筹建组，就设在长春一汽发动机厂办公楼内。主要负责筹建组工作的"头头"，一个是任一汽发动机厂厂长的毛德犹，

① 《他们开荒建设了二汽——昔日的"102"人，你们在哪里》，陈会君、向延昆、朱国强，《湖北日报》，2018年10月19日。

一个则是一汽发动机厂建厂时期的元老、技术科科长藏明堂。他们带领着综合技术组组长黄廷翼和王容芳，以及由一汽工厂设计处临时派来的十来个技术人员，最终组成了二汽发动机厂筹建工作领导团队。

　　某种意义上来说，来得早不如来得巧，此时的二汽，幸运地碰上了"长兄"一汽正逐渐"成人"，有力量帮扶整个中国汽车家庭。如果说一汽是按照苏联的工厂和组织设计，大部分设备都来自苏联援助，让中国实现了"中国人也能造汽车"的梦想，那么，得益于这些人才的培养和加入，中国又实现了"中国人也能自己造汽车"的梦想。

　　就在一栋栋高楼纷纷拔地而起之际，二汽也在紧锣密鼓地推动自身的业务进程。为了抢时间，二汽建厂时提出了"四边"（边设计，边施工，边安装，边生产）建厂方针。这一方面导致了二汽在日后的发展中弊病横生，另一方面则促使二汽很快拿出了自己的产品。1970年，二汽人便用榔头和台钳，在四面透风的芦席棚里打造出第一辆军用越野车——EQ240。它是我国生产的第一代军车中的重要车型，以马力大、速度快、轻便灵活、视野开阔等特点而闻名。1975年7月，克服重重艰难，经过8年的研发，二汽生产和改进的第一个基本车型——2.5吨越野车EQ240顺利建成投产。这款车在日后对越南的自卫反击战中，因为没有出现过一起由质量问题引发的事故，而被战士誉为"功臣车""英雄车"。自此，命运曲折、历经"三上两下"起伏的二汽，在风雨飘摇中

二汽首款军用越野车 EQ240

（来源：东风汽车）

正式证明了自己，一战成名。尽管在很长时间内，它的身上脱不去一汽的烙印，但它也走出了属于自己的路途。

3 年后，在 EQ240 的基础上，二汽又推出了 EQ140 型 5 吨载货车，这帮助二汽顺利地闯过了"亏损关"，并实现了"由军转民"。

1975 年，经国务院批准，"东风"这个牌子开始被挂在二汽制造的所有车子上。这缘于 1957 年，毛泽东主席在讨论世界两大阵营时，曾引用了《红楼梦》中"不是东风压倒西风，就是西风压倒东风"这样一个著名论断。将二汽生产的汽车命名为"东风"，在当时来说寄托着国家领导人的期盼：希望二汽所生产的车辆能在汽车领域里"超英赶美"，呈现出"东风"压倒"西风"

之势。也正如国家所愿，进入 20 世纪 80 年代以后，二汽发展迅速，1981 年 4 月 8 日，东风汽车工业联营公司成立。这是以中国第二汽车制造厂为主体，以东风牌系列汽车为龙头，在横向联合的基础上按统一规划、同步发展、实行专业化协作生产的原则组织和发展起来的跨地区、跨行业、多层次的横向经济联合体。1992 年 9 月 1 日，二汽更名为东风汽车公司，东风汽车工业联营公司随即更名为东风汽车集团。

相应地，当时甚至很难在地图上找到的十堰，也实现了"华丽转身"。

卧榻之侧，襄阳酣睡

很难想象，由于一汽及各省的骨干、人才纷纷支援二汽，甚至一辈子都定居在十堰，这个穷乡僻壤竟成了居民整体素质在湖北省首屈一指、普通话更是有着很高普及程度的地方，而它的行政地位也急速跃升。

为了更好地保证二汽的健康成长，1969 年，国务院批准成立县级十堰市，隶属郧阳地区。1973 年，为解决二汽十几万人生活的后顾之忧，十堰又被升格为省辖市。那时候，十堰和二汽几乎等同于一体。当时二汽的厂领导，基本就是十堰市的党政领导。不过随着二汽逐渐壮大，外来人口不断涌入，这种市企合一的管理模式不再符合现实需要。1982 年 4 月，十堰市和第二汽车制造厂实行政企分离，十堰市独立成立十堰市委、市政府。1994 年，成立新的地级十堰市，郧阳地区则被撤销，与十堰市实行地市合并。

这样一来，此前管辖十堰的郧县，便成了十堰的下辖县。2014 年 12 月 17 日，郧县成功撤县设区，挂牌改为郧阳区。这不能不让人感叹，当年选择在山区建设是为了避开城市，但几十万人生活的现实又逼着人们重新建设城市。

也就是在 20 世纪八九十年代，十堰开启了自己的"辉煌时代"。二汽汽车产销量、上缴国家的利润和税收曾一度占全国汽车企业的 60% 以上 ①，这也让这里的职工有着令人艳羡的企业福利。最好的时候，每个厂都有采购车队，跑到全国各地拉后勤物资。在 20 世纪 90 年代的一份中国步入小康水平城市的列表中，十堰市是湖北省唯一入表的城市，在全国城市综合实力排名中列第 22 位，与武汉、西安、郑州等历史名城同台竞争。

十堰就这样先有厂，后有城，从改革开放初期 30 平方公里的山沟小镇，变身成了 100 平方公里的现代城市。过去的一条条山沟在城市规划中渐渐融合，已经很难让人看出当年沟壑纵横的迹象了。

但是，那一座座高楼之间的山头却提醒着我们，这里的天空，依旧被放逐在世界的另一边。

_____

① 《山沟里的车城：新中国"白纸绘新图"的缩影》，完颜文豪，《新华每日电讯》，2019 年 3 月 29 日，16 版。

"过去高山峻岭赐予了这里一片滋润的'世外桃源',后来却把它围成了一个逼仄的闭塞之地,在注重高效率与低成本的发展时代,偏远隐蔽从优势变成了发展的劣势。"《新华每日电讯》在 2019 年曾关注到这个山沟里的车城,对它的发展既充满敬意,又满纸遗憾。

在二汽的发展史上,十堰既是二汽的出生地,也是不可否认的贵地,但同时,它那个"十"字,就像一根刺一样,卡在了二汽的咽喉中。

这种不适感不是很久之后才发现的,而是在 1980 年便引起了广泛的关注。这一年的 3 月 22 日,国务院正式批准二汽铸造扩建工程。同年 10 月 29 日,二汽成立铸造三厂项目组,但大家很快便头疼了,因为厂址又不知道该选择在哪里了。

有人认为自然应该建在十堰,原因是离其他工厂近,方便运输和调试。但 1966 年响应国家号召,积极投身二汽建设,并于 1978 年 10 月出任二汽总师室副总工程师的马志诚对此并不认同,甚至坚决反对。因为十堰适于建设工业化大厂的平地已经不多了,就算目前建在十堰,以后二汽要想继续发展,等到建设新厂房时还是要迁出去,仍然存在运输和调度问题。与其到时候想办法,不如现在就把铸造三厂建在一个适合二汽发展的地方。

今日的襄阳,那时的襄樊,便成了这种理性判断下的"赢家"。襄阳,居于汉水中游的湖北地级市,位于汉十高铁(武汉到十堰)之间,西北紧邻十堰,是十堰最为亲密的邻居,但它的出身却是十堰远远比不上的。襄阳不仅拥有2800多年的建制历史，而且因为地理位置重要，素有"华夏第一城池""铁打的襄阳""兵家必争之地"之称。

百家号"趣味的历史"曾有文章写襄阳："春秋时期，楚国数次北上称霸中原，襄阳就是桥头堡；三国时期，曹操之所以随时能南下荆州，就是因为占据了襄阳。"而在金庸的武侠小说里，郭靖面对元军，拼死守卫襄阳城，也是因为若是襄阳丢失，元军就可以顺江而下，两淮一"完蛋"，江南便无险可依。事实也证明，襄阳城是靠得住的，它在元军陆续出动百万兵马、前后累计强攻38年之久的情况下，依旧坚固如斯。若非南宋后期朝廷昏庸，叛徒助阵，元军断难成功。往近了说，日本人在侵华战争中也曾兵临城下，希望拿下襄阳，打开川陕屏障进入重庆。但打来打去，最终也是束手无策。事实上，正是身边有这么一个重要屏障，才使十堰成了二汽最初的选择。

今天，在襄阳老城商业区的主干道上竖有两座石牌坊，上面刻有"南船北马""九省通衢"字样。这样的襄阳，显然让二汽动心。

而在历史上风光良久的襄阳，此时正面临着工业化转型之痛。和十堰一样，"三线"建设也曾让襄阳火热一时，汇聚了一大批军工企业。但是由于种种历史原因，改革开放之后，它们一度举步维艰。在这个过程中，襄阳也曾向十堰"靠拢"，发展自身的汽车零部件业务，为二汽提供配套服务，如谷城的车桥厂（今湖北三环锻造有限公司），主要生产承受汽车载荷的车桥等。但每个襄阳人都得承认，起步晚、规模小、停留在汽车零部件的生产和加工阶段，让整车制造在当时只能是一个遥远的梦想。

然而，二汽主动伸过来的橄榄枝让襄阳收获了天降之喜。在襄阳这片土地上，流传着"三顾茅庐"的故事，襄阳当地也以极大的诚意欢迎二汽的大驾光临。它不仅积极支持二汽在自己的行政区域内选址，还推荐肖湾作为二汽的建厂地。但不幸的是，肖湾首先就被包括马志诚在内的选址小组排除掉了，原因是肖湾的大部分土壤属膨胀土，地基处理起来很麻烦，厂房质量无法得到保证。最后，二汽选择了地势又平又高、不会被水淹的油坊岗。对这块区域，二汽不仅要求先购买 10000 亩土地，同时还要预留5000 亩以便下一步发展使用。这些要求有点"狮子大开口"的意味，但无一例外都得到了湖北省和襄阳地区的支持。这让马志诚等人感慨良久。以前搞"三线"建设，多开一点山都要挨批评，现在终于能把山推平，把沟填起来，把地平出来了。可以说，建襄樊基地是二汽迈出的重大一步。

1983 年 9 月 11 日，二汽襄樊基地破土动工。很快，成片的钢铁车间在襄阳城北拔地而起。襄阳更是以一种"机不我待"的心情，积极配合二汽战略东移的发展部署，促进自身汽车工业的崛起。为此，当地市委、市政府果断做出了"依托二汽，大力发展汽车工业"的战略抉择，要求全市抓住二汽襄樊基地建设的机遇，大力调整产业和产品结构，促进工业模式由劳动密集型向资金、技术密集型转变。在此期间，襄阳市领导和二汽高层有过多次协调和沟通。这也带来了良性的结果，那就是当地一批原来从事机械加工和农机生产的企业，陆续发展成为二汽零部件的配套生产厂家。

短短几年，襄阳全市汽车及零部件企业发展到 95 家，初步形成了与二汽系列产品配套协作的生产格局。1990 年，全市汽车工业产值达 6 亿多元，占全市机械工业产值的 50% 以上，占全市工业产值的 9%，居全省同行业第二位。到 1992 年 5 月，襄阳更是成为二汽与法国雪铁龙合资的重要受益者。这里不仅建设了发动机工厂，第一辆富康轿车也是从襄阳试装厂驶出的。紧接着，蓝鸟轿车、第一辆 3 吨轻型车先后下线，标志着襄阳汽车产业开始跨入整车生产的时代。1993 年，全市汽车工业实现产值 36.8 亿元，首次超过纺织工业，成为襄阳工业的第一主导产业。

襄阳借势而起，十堰却变得焦虑，因为在自己的卧榻之侧，出现了酣睡的他人。

反抗中的"迁都"博弈

更让十堰感受到挑战的是，随着二汽在 1986 年凭借其系列载货车红火一时，远在千里之外的武汉又开始打二汽的主意了。当年它因为国防条件不足，错失二汽，这时它希望二汽的总部能搬迁到武汉。这是武汉对二汽发出的第一声呼唤。十堰不会不明白，相较于襄阳，体量更大的武汉更具有威胁。

同时，它也清楚地知道二汽对自己意味着什么。多年的发展，让十堰和二汽不分你我——一篇题为"十堰汽车城何去何从？"的文章指出：在十堰城区，多数居民不是二汽的职工，就是二汽的家属，要不拐弯抹角地也一定有个在二汽上班的亲友，市政府的很多官员也出身二汽。①

"而在生活中，打开电视，有东风电视台；翻开报纸，有专门的东风新闻版。走在街上，路牌上能见到车城路，购物有车城商场，住宅小区有车城新村……宾馆的名字除了车城宾馆，还有像'车身宾馆'这样在别处想都没法想象得到的古怪名字。"②

更重要的是，作为十堰最大的企业，二汽的工业产值在当年占十堰市总量的 57%；它还是十堰最大的纳税户，每年上缴的税额占十堰市财政收入的 50% 左右。

从某种意义上来说，二汽就是十堰的天，不能塌下来。尽管外界"群狼环伺"，但十堰也要赤膊一战。也正是从这个时期开始，压力之下的十堰不由自主地选择了"反弹"，开启了自己的持续反抗之战。

第一战似乎比较成功，由于各种原因，武汉的呼唤并没有得到落实。这暂时稳定了十堰的情绪，不过它也将二汽的视线不由自主地拉得更远了。

正是在二汽与法国雪铁龙合资成立了神龙汽车的 1992 年，"市

---

① 《十堰汽车城何去何从？》，陆杰，《中国经济快讯》，2003 年 25 期。
② 《十堰汽车城何去何从？》，陆杰，《中国经济快讯》，2003 年 25 期。

场经济"成为二汽职工茶余饭后的热门话题，而二汽也正式更名为东风汽车公司。从"二汽"到"东风"，不仅仅是名字的改变，更意味着东风面临的是国内经济体制转轨、市场转型、需求结构发生重大变化的挑战。

这就像它与一汽之间的关系，尽管是根正苗红的亲兄弟，但是面对着市场经济，它们也不再兄友弟恭，而是要在各种领域中"刺刀见红"。

解放汽车和东风汽车除了互不相让对台唱戏之外，还要在轿车领域拼个高下。尤其是外资的加入，更是让战局变得复杂起来。

如果说，在二汽发展初始，十堰空间之困还没那么明显，不管情愿不情愿，还可以借助襄阳来疏解，那么当二汽发展到这一阶段，十堰单一与落后的交通、工业用地不足及"先厂后城"等诸多问题导致其积累下太多的基础设施和文化方面的"历史欠账"，就注定了十堰的地理和区位环境与汽车产业资本密集、技术密集、劳动力密集、产业关联度高的特征的极其不匹配。东风当年曾流传这样一个笑谈：由于交通不便，东风公司的主要商务活动都不在十堰总部，自然而然，老总大部分时间都在外奔波，当东风总部的工作人员看到老总回来的时候，都是说"公司老总来了"，而非"公司老总回来了"。

各种因素的叠加，让二汽对山外的世界更加渴望。当时有高层曾提出"三级跳"的设想：第一级，跳到襄樊；第二级，跳到武汉；第三级，跳到惠州。

当时东风内心里的希望，自然是要跳就要跳得彻底，最终的目的是要到经济最发达、市场更前沿的珠三角地区。就在二汽更名的 1992 年，它也曾着手南下，派人前往惠州整合正面临生死考验的熊猫汽车——这个已经建了厂房和生产线，却苦于无"准生证"，只能在夹缝中求生存的企业——从而希望在轿车项目上有所突破。然而，计划赶不上变化，1996 年，始终未获得资质的熊猫汽车不得不宣布流产，东风汽车惠州项目搁浅。不过，这也为风神汽车在南方的销售搭建了网络，更重要的是，东风最终牵手日产。但是它的这一举动，对湖北却造成了极大的情感伤害。

在十堰的多年发展，已经让东风成为湖北人心目中根深蒂固的"自家企业"。况且东风一旦出了省，更会让留守十堰的 10 万多名职工产生被彻底遗弃的感觉。万一"迁都"与十堰发生利害冲突，谁来摆平？

数万职工的生计问题及一些东风老干部的反对，让东风的二级跳阻碍重重。2002 年，东风与日产公司签署了长期全面合作协议——尽管这是当时中国汽车工业界最大的合资项目，也是对东风未来至关重要的一件事，但因为新合资公司的注册地设在了武汉，来自东风各方面的阻力蜂拥而至，该项目也被拖延许久。

这段时间里，十堰很难熬。一方面，它要尽力阻止东风的外走，另一方面，它又要留住东风的心。为此，它对东风的服务意识提高到了一种前所未有的高度。为了方便服务东风，十堰曾专门成立了一个负责协调工作的常设机构——十堰市政企共建领导小组办公室，办公室主任由市政府副秘书长担任。这不免让人感叹，政府成立一个行政部门专门为某企业服务，这样的机构在全国可能都是独一份儿。

据说，连东风老总苗圩都曾经表示，这是十堰与东风合作的一段"蜜月期"。然而，这段"蜜月期"对东风来说似乎稍微晚了点。

苗圩，北京人，1955年生，1982年从合肥工业大学内燃机专业毕业。1997年调任东风党委书记之前，他曾任机械工业部汽车司副司长、机械工业部副总工程师。1999年3月，他又党委书记、公司总经理一肩挑。在很多人的印象中，这是一位儒帅，但是为了推动东风参与同国际企业的合作和竞争，他大刀阔斧地进行改革。身为北京人，他很少陷入当地的利益纠葛当中，而是更着眼于汽车自身的发展规律。在很多人眼里，他是坚定的"迁都派"，并准备借东风与日产的合资顺水推舟"迁都"。

"迁都"既然不可避免，一直心仪二汽的武汉便成了最佳的选择。虽然这对十堰来说同样也是一种伤害，但好歹"肉烂在锅里"。

更重要的是，在反反复复的"迁都"过程中，湖北对自身发展的全盘思考也帮助了武汉。此前，湖北既希望武汉能带动周边发展，又怕武汉过于强大而变成直辖市，所以在对武汉的投入上，往往瞻前顾后，宁可把一些大的项目放到襄阳或者宜昌，也不放到武汉。武汉最终没有成为直辖市，与此同时，湖北的整体竞争力也没有止住下滑的趋势。湖北开始认识到，"武汉兴，则湖北兴"。

此后，全省上下开始统一认识，以武汉为龙头来带动湖北的产业发展，甚至由省长亲自担任武汉城市圈建设领导小组组长。

在各种利益博弈之下，十堰也不是毫无所获。十堰支持东风总部迁往武汉，武汉则同意把东风增加的地方税收通过湖北省的财政转移支付给十堰。

另外，东风还给十堰留下了商用车项目和零部件事业部。依据和东风日产的协议，东风日产未来 5 年将投入 40 亿元资金到十堰基地，直接解决改造老基地资金匮乏的问题，提升商用车的生产技术和水平，仍使用东风品牌。

这些都让十堰在东风"迁都"面前，已然无从继续反抗，只有认命。不过今天再回头审视，这一着无疑是东风突破自身发展瓶颈的妙棋，它让东风有了更开阔的发展腹地。而且，在中部崛起的背景下，本就是"九省通衢"的中部大城武汉，越来越具有国际化大都市的迹象。站在武汉的肩膀上，东风越发具有广阔的视野和开放的格局。

从某种意义上来说，这也是市场逻辑的胜利。我们必须承认的是，十堰与二汽的相互成就，缘于特殊时代的特殊政策、特殊安排，但市场的演进，终结了一个时代，也改变了一切。

二汽从十堰到襄阳，再到武汉，正如汉江顺流而下，拥有了广阔的大江和大海。

"东风"再吹

面对二汽的"迁都",十堰一度很迷惘。这是个汽车"拉来"的城市,也是人为造出来的城市,却随着车轮的滚远,一时有陷入产业空心化的危险。当时外界流传着这样一种说法,那就是十堰将会变成一座"废都"。

事实似乎也是如此。2003 年,十堰市的 GDP 增速从 2002 年的 13.9% 滑落到 4.1%。2004 年年初,十堰市的政府工作报告中也充满着悲观的基调:"经济的体制性和结构性矛盾依然突出,中小企业发展不快,民营经济规模小,经济外向度不高,整体竞争力不强。"

也正是在 2003 年,东风日产第一款高档轿车天籁在襄阳下线,襄阳乘用车发展水平跃上新的台阶。此前的 2000 年,襄阳全市汽车工业产值首次突破百亿元大关,达 112 亿元,占全市工业总产值的 39.5%。经过 10 年的培育和发展,以整车为龙头、以汽车总成为骨干、以零部件为依托的汽车产业发展格局逐步在襄阳形成。

到 2012 年,襄阳又迎来了一个"重量级"项目——东风英菲尼迪。此前,对这个"钱景"和前景都可观的大项目,广州、郑州和大连等地方的政府也都十分希望能够引进,但是襄阳最终还是凭借其与东风的亲密关系而胜出。5 月 28 日,襄阳当地与东风关于英菲尼迪国产化项目签约仪式暨新天籁第 50 万辆整车达成仪式在东风日产襄阳工厂内隆重举行。这也是东风日产继

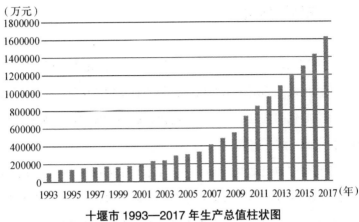

（万元）

十堰市 1993—2017 年生产总值柱状图

（来源：《十堰统计年鉴 2018》）

"NISSAN"与"启辰"双品牌战略实施后的又一重大举措。国产英菲尼迪将助力东风日产的品牌影响力和企业竞争力进一步提升。

襄阳获得的好处不止于此。得益于二汽的带动，1992 年由国务院正式批准成立的襄阳高新技术产业开发区，到今天已经有来自美、日、法、德及中国香港和中国台湾等 20 多个国家和地区的企业前来投资，各类注册企业约 4000 家，其中包括法国标致雪铁龙、美国德纳、美国康明斯等世界 500 强企业近 20 家。

这样对比下来，高下立判。

十堰就这样一蹶不振了吗？还有，东风真的就抛弃十堰了吗？

这两条疑问，盘桓于每个十堰人的内心。

当年，他们付出了青春，遍洒汗水和热血，让这个山沟沟"换了人间"，而自己也到了风烛残年，转眼却只能枯坐愁城？

这一痛便是 5 年之久，但疼痛感也让人变得格外清醒。东风的外迁，倒逼一批传统企业开始走上了转型之路。例如，专门围绕东风需求做配套零部件的十堰精密制造有限公司，全面对接市场需求，通过与科研院所、主机厂家联合进行科技研发，甚至进入了全球汽车采购链，它的销售额竟然不减反增。这让它感慨，东风总部迁移给自己带来了阵痛，但也让企业在经历风雨后有了强健的体魄。

幸运的是，在世界的舞台上打拼的东风，虽然眼光高了，但从来没有忽略过十堰。对东风来说，十堰不仅是自己的根据地，而且这里还有多年积累的成熟产业工人，以及完整的汽车产业链等其他地方无法比拟的人力资源和产业基础优势。于情于理，东风都不会忘记十堰。

尽管东风只给十堰留下了商用车项目，但"塞翁失马，焉知非福"。随着近些年来小轿车产能的过剩，加上一些一线城市实行购车限制政策，整个乘用车市场处于低迷的状态，十堰的商用车却异军突起。十堰市的"十二五"规划中就计划在 2015 年，使十堰市的商用车产销量突破 100 万辆，全球市场占有率达到 15%以上。

也正是在这一年，由东风汽车集团股份有限公司与沃尔沃集团共同投资组建的东风商用车有限公司在湖北十堰正式成立并运营。对东风而言，商用车不仅是东风汽车的发家产品，是东风汽车的基石，也是东风事业的顶梁柱。有文章指出，尽管近几年中国进入经济发展放缓的新常态，但东风商用车仍长期坐稳国内卡车市场产销的头把交椅——将关系东风发展命脉的商用车项目继续放在十堰，无疑是二汽对十堰的再度认可。

让人更能产生某种程度的舒适联想的是，今天的东风商用车有限公司在十堰所在的位置，正是二汽当年在十堰的总部。

当然，十堰对东风的帮助还体现在微型车项目上。尽管借助武汉总部掌控东北、西北、华东、华南等地的子公司，并通过与标致雪铁龙、日产、本田等合作，东风进一步完善了自己在产品线上的不足，但一直不曾涉足微型车。2005年它利用原东风在十堰的生产基地，与重庆渝安汽车有限公司合作生产微型客货车，推出第一台东风小康。我们今天所见的东风小康，便来自十堰或者重庆生产基地。虽然有人认为这是东风为安置富余职工进行的一项操作，但它的确已借助这一项目形成了乘用车全系列产品。

更重要的是，以前困扰十堰的各种劣势也开始得到认真对待并逐一解决。空间逼仄，那就通过山地调整和用地调整来解决。

今天的十堰，新建了一批工业园区。这不仅给了新兴产业发展空间，也让老工业区的搬迁改造升级有了腾挪之地。至于交通，随着汉十高速在2003年通车及汉十高铁在2018年10月12日全线贯通，从陆路进出十堰的便捷性与当年相比，已经发生了天翻地覆的改变。还有，距离中国著名道教圣地武当山景区约25公里，从十堰繁华的北京路开车顶多半个小时就能抵达的武当山机场，也于2016年全面通航。当这些劣势被一一改变之后，十堰再次吸引着东风一些板块企业的回流。

今天，当我们从十堰的载重车基地出发，经襄樊轻型车生产基地，再落脚武汉经开区的神龙轿车基地，你就会发现，这是一条由重、轻、轿组成的保持着完整互动的产业链，呈劲龙腾飞之势，其龙头便在武汉。

十堰就此也深刻领悟，放手其实也是一种爱。十堰让东风"迁都"武汉，既是对二汽的成全，也是对自己的成全。如果没有这样的转变，二汽日后很难有向上的机会，最终的结局很能想见，那就是一损俱损，同归于尽。相反，将总部放在武汉，可以帮助二汽自上而下打造"汉十千里汽车产业走廊"，实现产业的良好布局，让十堰、襄阳甚至襄阳旁边的随州，都能在产业链条中找到自己的位置，并因之受益。这既能帮助湖北省实现中部崛起，也符合中西部大开发的国家战略。

不过，东风的外迁带来的心理震荡，还是让十堰意识到：不能把鸡蛋放在一个篮子里。必须打破以往的单一经济结构，确立新的、多元的发展道路，实现经济社会协调可持续发展。在过去的十几年中，十堰先后启动了"中小企业成长工程""双亿工程"，逐步形成以中重型商用汽车为主，电力、冶金、化工、建材、医药、设备制造等为支撑的现代工业体系。走在十堰的街头，你随时能看到这样的城市标语——"仙山、秀水、汽车城",以往一枝独秀的"汽车城"前面多了"山"和"水"。山为武当山,水自然是指丹江口。丹江口不仅是武当山所在地,其与河南共有的丹江口水库还是亚洲第一大人工淡水湖及国家南水北调中线工程水源地。有这些不可多得的宝贵资源,十堰打造生态旅游的态势越发活跃了。

让人眼前一亮的还有那些见证岁月并成为城市精神象征的二汽老车间、老厂房,如东风通用铸锻厂(20 厂)、东风热电厂(27 厂)。它们不仅不会在城市的发展中被清除,相反,还会像北京的 798 一样,集中连片地进行 IP 化、产业化的文化园区开发。这不仅会很好地实现旧物再造 IP,而且还能保护汽车工业文化遗产,让人留住这座城市的"工业乡愁"。

在送走了一个时代之后,十堰,又开启了自己新的征途。

柳州：工业浇筑的山水之城

　　2019 年，汽车寒冬依旧在持续。在这一年的上半年，汽车经销商的半壁江山几乎都遭遇了亏损。但依旧有城市逆流而上，迎来自己人生的重要伙伴——海斯坦普（Gestamp）集团和海拉（Hella）集团。

　　这两位伙伴，前者是专门为各大汽车制造商设计、开发和制造高端汽车零部件的跨国企业，产品涵盖白车身①、底盘和机构件。目前在 22 个国家共有 109 家生产工厂、3 家在建工厂和 13 个研发中心，在全球拥有 43000 多名员工。后者则是汽车照明和电子产品专家，也是一家全球性上市家族企业，目前在 35 个国家和地区的 125 个城市拥有 40000 多名员工。

---

① 白车身：指车身结构件及覆盖件焊接总成，包括前翼板、车门、发动机罩、行李箱盖，但不包括附件及装饰件的未涂漆的车身。——编者注

可以说，这两位都是世界级的汽车零部件配套供应商。然而，吸引它们将自己的未来"投注"于此的，却是大多数人都未必清楚的三线小城——柳州。

这座城市没有麦咖啡，没有无印良品，没有汉堡王，也没有7-Eleven，没有全家，没有瑞幸咖啡，没有喜茶，没有宜家，也没有Zara。但这并不影响海斯坦普和海拉的心情，同样也不妨碍他人怀着朝圣般的心情来到这座城市。

它其实是一座山水之城，是柳宗元的最后归宿，更重要的是，它的头上曾经还戴着这样一个冠冕——广西"工业的心脏"。今天的它，有一个让人肃然起敬的称号——中国汽车城。

要知道，汽车城的称号一般给的是长春、重庆、上海、广州这样的大城市，最特殊的无非十堰，但柳州却偏偏在与一群"大象"的竞争中脱颖而出。如果不说，很少有人意识到，它是全国唯一拥有一汽、东风、上汽和重汽四大汽车集团整车生产企业的城市；另外，工程机械领域的"柳工机械"的"柳"字，便是指柳州。而街头上随处可见的"神车"——上汽通用五菱（简称五菱），很多是从柳州驶出的。

这些大手笔，很难与柳州对上号，但事实确是如此。寻找柳州，不仅是为了还原这座小城本来的面目，更是为了重拾中国汽车产业发展的重要拼图。

这座城市也让人看到，一个小城是如何通过坚守并光大自己的初心，在筚路蓝缕的发展历程中获取命运的转机，并赢得生存的底气的。

广西"工业的心脏"

1000 多年前，柳州这个边远小城曾迎来了一位人家——"唐宋八大家"之一的柳宗元。他在革新失败、贬官永州司马后，又一度改任柳州刺史。

尽管是贬谪，但在柳州刺史任内，柳宗元依旧广施惠政，有德于民。这也让柳州人对他感怀至今。唐宪宗元和十年（815 年），柳宗元在《登柳州城楼寄漳汀封连四州》诗里描绘了柳州景象——岭树重遮千里目，江流曲似九回肠。

柳州正是这样一个重山环绕，又有一江碧水穿城而过的地方。江为柳江，在柳州市区七拐八绕，很像"S"打横之后的样子。古籍中称柳州为"三江四合，抱城如壶"，故又称其为"壶城"。唐代长寿元年（公元 692 年），桂柳运河开凿，它和广西历史上的另一条运河灵渠一起，沟通了柳江与漓江甚至长江的水路；而发源于桂林临桂的洛清江，又于柳州的鹿寨县汇入柳江。这也让柳州在交通主要靠水路的古时"左右逢源"，南北通吃；加上柳州处于广西的中心位置，自然而然，它就成了广西的商业重镇。

清末民初，柳江上帆船如云，舳舻千里，先后共有码头 20 余处。其中沿江北岸中段码头地处今柳江路，原名沙街，是大商户开设经纪行（又名平码行或九八行）集聚经营的地方，主要为客商办理货物进出口业务，不论来自柳江上游、支流龙江上游等地的出口土特产，还是来自柳江下游的梧州、广州、香港等地的进口工业商品，都在此集散。

其他地方，同样商贾云集、人流如织。如小南路经营布匹、洋杂百货，号称"苏杭街"；柳江路西段、谷埠街是米谷集市，美名"米行街"。"一条扁担颤悠悠，挑担白米下柳州"，至今是在罗城仫佬族自治县、宜州等地流传的民歌。

1925 年广西统一之后，统治广西 25 年（1925—1949 年）之久的新桂系曾谋划将省会迁往柳州，虽未成行，但在"建设新广西"、发展新式工业等理念下，当地政府还是把柳州当作广西的实业中心、交通枢纽，并将其作为在市政建设等方面重点发展的城市。

在多年商埠文化的熏陶之下，柳州人被训练出了敏锐捕捉市场信息的能力。这使柳州人对市场变化非常敏感，善于调整经营方略。一旦进入工业社会，柳州人能很快地适应市场、开拓进取，在机械制造、生物化工、采矿冶炼、军工制造及城市建设等方面，表现得同样突出。

1925 年至 1927 年，柳州修建的公路居全省之冠，以柳州为中心的交通枢纽主骨架已基本形成。1928 年春，柳州机械厂破土动工，同时对外订购设备和招募人员，开办技术学校，开展普通机械及部分军械设备的修理和制造业务，甚至组装飞机。这也让柳州机械厂成为当时的"广西工业中心"，其资本相当于广西其余 32 家机械修理厂总和的 3 倍,这在全国也不多见。此外,柳州酒精厂、柳州士敏土厂等企业也相继建成投产。柳州因此一度被誉为广西"工业的心脏"。[①]

1933 年 6 月,6 架双翼教练机在柳州机械厂被仿制成功。接着柳州机械厂再接再厉,在年底成功仿制出两台木炭发动机,并用其中一台组装成一辆木炭汽车,开到南宁展览,轰动一时。

所谓的木炭汽车,其实就是用木炭代替油炉作为动力来源。除了柳州,20 世纪 30 年代初,沪、豫、湘、晋、赣等地也出现过这种汽车。它们的出现与汽油等原料紧缺有很大关系。经实际测试,每公里消耗木炭 1 市斤,耗费仅为当时汽油的 1/10,每加一次木炭,汽车可行驶 4 小时,时速达到 40 公里,基本达到汽油车的水平。

这种车的工作原理是,点燃炉膛内的木炭(木柴或煤炭)后封闭炉盖,调节进入炉膛的水量,控制木炭燃烧,人为造成炉内缺氧,使燃料处于半燃烧状态,从而产生一氧化碳。一氧化碳经过瓦斯管、粗细滤器过滤后,到达混合器并与外界进入的空气混合,形成可燃气体后进入气缸,通过电火花点燃爆发而产生动力输出,驱动汽车运行。

木炭车的诞生,掀开了广西进行汽车生产的华丽篇章,为之

[①] 《钢铁熔铸的记忆——柳州工业博物馆开馆侧记》,尹华平、李旭东、刘创举,广西新闻网,http://culture.gxnews.com.cn/staticpages/20120530/newgx4fc57f0f-5357742.shtml,2012 年 5 月 30 日。

后柳州建设现代化的汽车工业城市点燃了星星之火。

也正因工业相对发达，柳州在随后爆发的抗战中依托自身的工业基础，积极支援抗日战争。随着湘桂、黔桂铁路和公路的相继开通，柳州成为战时重要的交通枢纽，沦陷区的文化、教育、军事等机构和一大批官办、民办企业纷纷移驻柳州，它成为战时西南的重要工业城市。

1942 年，国民政府经济部资源委员会与广西省政府合资兴办柳州电厂。1943 年 6 月 6 日，黔桂铁路正式通过柳州与湘桂铁路接轨联运，便利的铁路交通为柳州工业的发展提供了有利条件。1943 年 10 月 29 日，中国工程师学会 100 多名会员再次来柳州考察，对广西省建设厅拟在柳州建设西南工业中心计划的可行性进行评估。

尽管 1944 年柳州为日军所占，生灵涂炭，工业更是受到摧残，但挺过无数战火之后，一旦经过春风的吹拂，工业种子便会顽强地发芽、开花。

工业助柳州突围

1958 年，国家为支持广西建设，决定在广西设立三大工业区——在南宁设立江南工业区，在桂林设立瓦窑工业区，在柳州设立柳北工业区。

广西当地派人赶赴东北工业基地和上海，请求支持广西工业发展。1958—1966 年，从沿海及北方老工业基地迁入一批工矿企业，调入一批管理人才和工程技术人员。为了留住他们，广西决定，从上海迁广西企业的职工，继续拿高于广西工资的上海工资；从上海迁广西企业的职工，爱人是农村户口的，到广西后转为城市户口，并安排到工厂当工人。

在这样的全力支持下，柳州钢铁厂、柳州热电站、柳州联合机械厂、柳州化工厂、柳州动力机械厂、柳州建筑机械厂、柳州水泥厂、柳江造纸厂、柳州第二化工厂、柳北水厂等十大工业项目开建，形成了以国营企业为主体的工业经济结构，同时也奠定了柳州重化工业的基础。

1960 年，在城市规划方案中，柳州被定位为"以钢铁、机械工业为主的重工业和交通枢纽城市"。

当时十大项目中没有任何汽车项目，但柳州的汽车产业却从中涅槃重生。从柳州机械厂分离出来，并于 1958 年在柳州郊区河西村破土奠基的柳州动力机械厂，最初生产船用发动机，后来自主研发生产拖拉机。1966 年柳州动力机械厂改名为柳州拖拉机厂，开创了拖拉机时代，并以年产 5000 辆的生产能力，于 1978 年跻身"全国八大拖拉机厂"之一。

同时期，原先的柳州机械厂与其"重续旧情"。在 1969 年全国掀起第二轮"汽车热"时，柳州拖拉机厂接受广西省政府的指令，与柳州农业机械厂联合生产汽车。

在两者的共同努力下，参照苏联货车的外形，广西第一辆130 型载货车终于试制成功，命名为"飞跃"牌，使用茶油作为燃料。

在受邀参加自治区庆祝新中国成立 20 周年献礼汇报时，"飞跃"更名为"柳江"，从此打上了柳州制造的烙印。

1973 年 3 月 31 日，经上级批准，柳州农业机械厂正式挂牌成立"广西壮族自治区柳州汽车制造厂"。此后，"柳江"牌汽车被纳入当时政府计划生产的重点产品列表，逐年批量生产，1969—1980 年共生产 7098 辆。1981 年 2 月 17 日，经国家机械工业委员会批准，柳汽成为首批加入东风汽车工业联营公司的企业之一，实现了由"柳江"牌、"广西"牌汽车向"东风"牌汽车的转型。1983 年 1 月起，柳州汽车制造厂被划归到中国汽车工业公司，由东联公司具体管理，成为二汽紧密联营厂。12 月 9 日改名为"东风汽车工业联营公司柳州汽车厂"。这正是今天东风柳州汽车有限公司即东风柳汽的前身。

可以说，"柳江"的诞生不仅改变了两个厂的命运，也改变了柳州的工业发展模式。从那时起，柳州汽车工业发展的步伐如奔腾的柳江水一般势不可当。

不过，时代的变迁让柳州拖拉机厂陷入了困境。因为农村土地实行"包产到户"，国家进行体制改革，农用机械不再由农机局负责"埋单"包销，柳州拖拉机厂一下子风光不再。为了生存发展，工厂一度实施"以杂养专"的政策，被迫转产万家牌缝纫机、织布机等产品，但这些产品的市场表现也不尽如人意。

怎样才能走出困境？柳州拖拉机厂一直在苦苦思索。20 世纪80 年代初，中央农机部军工局引进一台日本三菱小货车，组织国内相关厂家研究攻关。虽然"相关厂家"没有轮上柳州拖拉机厂，却让柳州拖拉机厂意识到，微型车符合当时国内对低端客运、货运车型的强烈需求，是企业转产的好选择。柳州拖拉机厂（简称"柳拖"）顶住压力，引进一辆日本微型车，开始了自行研究。

此时的柳州机械厂恰好同样瞄准了微型汽车这一市场，在1981年研制出了270Q系列微型汽车发动机，两家企业携手同克了难关。

围着一辆外国微型货车，"柳拖"人拆下2500余种、5500余件零件，一件件手工测量、绘图。在那个缺乏精密测量及制造器械的年代，他们硬是凭借着一股子倔劲，用机床车，用锤子一点点敲打，在1982年1月造出第一辆万家牌微型货车，开启了柳州微车制造的时代。

直到今天，1964年从广西铁路局政治部调到"柳拖"任副厂长的丁叔（原名姜公望）还记得当年转产过程中发生的四件事。

第一件事：1981年4月，当时中共广西壮族自治区乔晓光书记到柳州来，听取厂里的工作汇报后，明确鼓励"柳拖"面向市场，进行转产。

第二件事：柳州市政府为了帮助"柳拖"面向市场找产品，把轻工局、纺织局、商业局、银行、财政局等的领导班子一起召集到厂里开会，帮"柳拖"出谋划策。

第三件事：对"柳拖"转产汽车这一计划，当时厂领导班子也有分歧。后来市里把厂里的领导、党委全部请到市委开党委会，统一思想，这也是很少有的。会上，大家把想法摆出来，最后做出决定同意转产，这是对"柳拖"最大的支持。

第四件事："柳拖"转产初期，厂里穷得揭不开锅。区财政厅根据区领导的指示，同意厂内把所有积压的拖拉机折价变卖，并给予相应的财政补贴，这才让"柳拖"解决了"吃饭"问题。

"没有这四件事，我们的转产，任我们有多大的本事也很难。"丁叔后来在接受《汽车商业评论》采访时回忆说，"正是因为有了政府的鼓励和支持，再加上我们员工的这种'艰苦创业、自强不息'精神，我们才开创了今天这样的局面。"

1985 年，广西梧州人沈阳从昆明铁路局开远分局助理工程师任上加入柳州拖拉机厂，一开始在检查处担任科员。他记得那个时候柳州为了发展工业，"不拘一格用人才"。为引进人才，柳州政府实行"三不要"政策，即不要档案，不要工资关系，不要工龄；后将"三不要"改为"五不要"，即不要档案，不要工资关系，不要工龄，不要党籍，不要政绩。这些政策吸引了一批优秀人才来柳州工作，担当重任。

此外，市政府出台各种政策鼓励职工成才，通过完善教育设施，建设广西工学院，创办广播电视大学、职工大学、业余大学、函授大学，举办自学考试等多种途径，提高职工的科学文化素养——不能不感叹，在那个时代，难得有一个内陆三线城市有着如此开明的氛围和发展的锐气。

这极大地推动了汽车产业的发展。1985 年，工厂实际生产汽车 4224 辆，工业总产值达 7323 万元，超额完成了"小货车达到3000 辆，工业总产值达到 6000 万元"的 5 年调整设想。这一年，柳州拖拉机厂正式改名为柳州微型汽车厂，成功转型生产微型汽车。

1987 年，柳州微型汽车厂又开始引进日本三菱汽车的技术、设备和散件，生产出首批微面客车，因为质量好，产品还被列为"免检产品"。这一年，由五个菱形组成的新的标识被正式注册启用。车标一开始沿用的是万家牌缝纫机的"W"标志，后改为宝石型。之后，一位名叫韦宏文的年轻大学生对在用的五菱商标图案进行了重新创意，新设计的图案由五个菱形组成"W"状，与"五"的拼音首字母吻合，加上又形似鲲鹏展翅，雄鹰翱翔，象征着五菱的事业不断发展。该车标沿用至今。

柳州微型汽车厂蒸蒸日上。1996 年，柳州五菱汽车有限责任公司成立，柳州机械厂也并入了五菱。近 40 年后，兜兜转转，两家企业又合到了一起。

其他伙伴也"殊途同归"。像 1969 年年底筹建的柳州特种汽车厂（原名柳州冶金汽车修配厂，又名柳州有色冶金机械厂），原以大修汽车为主，但在 1979 年开始转产，当年 12 月试制成功第一台 8 吨黄河液压汽车起重机，这是广西第一台汽车起重机；1982 年，推出 LZT362 黄河自卸车和铝厂专用车系列产品。

1958 年由 500 位来自上海华东钢铁厂的工人师傅创建的柳州联合机械厂并非为工程机械而生。1960 年年初，建工部分配给柳州联合机械厂的试制推土机的任务，让它从此找到了方向，为成为今天鼎鼎大名的"中国工程机械行业的排头兵"——柳工集团打下了基础。

此外还有一家专用汽车厂——柳州市汽车改制厂，于 1989 年在柳州呱呱落地。它就是日后加入中国重汽集团的柳州运力专用汽车有限责任公司。

至此，80 年代的柳州在汽车产业实现了"转型三部曲"——从农机产品转型载货车，从拖拉机转型微型汽车，从修配厂转型汽车生产。

柳州的汽车工业会同"时风"花布、"两面针"牙膏、"都乐"冰箱、"双马"电扇、"芭蕉"氧化锌、"双力"吊扇及在 1984 年就开发出来的"汉龙"电子计算机，让柳州在改革开放中声名鹊起，一度成为华南地区仅次于广州的第二大工业城市。

1986 年，广西工业产值超亿元的企业有 11 个，柳州市占 8 个，其中就包括柳州钢铁厂、柳州工程机械厂、柳州市印染厂及柳州汽车厂。

90 年代初，柳州又成为全国最早被列入综合改革试点的城市，是 5 个少数民族自治区中第一个工业产值突破百亿元的城市。

放眼中国，发展得好的城市大约有三类：第一类是直辖市、省会城市，第二类是沿海城市，第三类是资源型城市。把一二线城市在脑海中过一遍，不在以上三类之中的大概只有"苏锡常"，而这三座城市的地理位置甚至比一些沿海城市更好。不得不说，

1991 年 10 月 30 日，五菱为年产超万辆、累计销售 5 万辆剪彩
（来源：上汽通用五菱）

很多城市的兴旺是因为近水楼台、向阳花木。

柳州却是三不沾：非省会、不沿海、没资源。它硬是靠着工业突围，闯出了一片天。

五菱裂变

1993 年，改革开放进入新的历史时期，柳州的重工业迎来了重大荣誉——柳工集团在深圳证券交易所上市，成为大陆首家工程机械类上市公司，但这份喜悦依旧抵消不了国企改革的阵痛。

20 世纪 90 年代，全国上下关于国企改革的关键词是“抓大放小""优胜劣汰""改组""兼并""破产""下岗"。国家对上海、天津、武汉、沈阳等 16 座大城市的国企进行调查，发现亏损面高达 52.2%，问题丛生。十四届三中全会提出要"建立现代企业制度"，众多国企"一脸懵"，谁都不会。

与此同时，长三角、珠三角的民营经济和轻工业的发展却突飞猛进，冲击着"旧物种们"。

内困外忧之下，柳州也像很多中西部城市一样，经济陷入停滞。1995 年工业总产值 266.5 亿元，2000 年居然只有 328.3 亿元，年均增长只有 4%，还没剔除通胀因素。

就连五菱——中国微车市场的头号选手，市场占有率也说不上有多么领先，其企业内部治理结构、商业模式比较落后。例如，它当时仍在各地汽贸店采取赊销模式，导致公司应收账款特别多，经营压力很大。

为了改善局面，柳州把很多国有资产无偿划拨了出去。1994 年，柳州特种汽车厂作为全资子公司并入一汽；1997 年，柳州汽车厂进行股份制改革，东风持股 75%，柳州国资持股 25%。这些合资合作项目都算成功，但离"盘活一局棋"还有距离。

这个时候的五菱则更进一步，想要引进国外的资本和智力来帮助自己建立一套现代企业制度，走出困境。它"眉目传情"的对象是一位大玩家——美国通用汽车。通用对五菱伸过来的橄榄枝也很有兴趣。

当时的通用中国董事长拉里·扎纳（Larry Zahner）见到已是

厂领导的沈阳时,只给了半张名片,将另半张撕下后放进自己的口袋,并说:"如果成了,我们再把名片粘起来。"

事情也的确是一波三折。当时有一个问题:因政策所限,通用的合资名额只有两个(上汽通用、金杯通用),已然用光。于是通用提出,能不能把上汽也拉进来,将这次新合资作为上汽通用合资的延续。三方一拍即合,最初计划是由五菱上市发行 B 股,上汽、通用通过购买 B 股进入五菱。然而 B 股市场生变,此计划不得不搁浅。

眼看就要走进死胡同,恰好 2000 年国企改革已发展到企业重组、引进外资和技术的新阶段,政府主管部门也希望中国汽车工业进行整合。这次,谈判的方式变了,不再是企业层面谈,而是广西与上海两地政府之间的谈判。广西、柳州两级地方政府展现出了极为宽广的襟怀,将 75.9% 的国有法人股无偿划转给上汽集团,改组成立上汽五菱,而后通用注入资金,成立上汽通用五菱,上汽持股 50.1%,通用 34%,五菱 15.9%。[①]自此,一个五菱裂变为"两个五菱"——上汽通用五菱(英文缩写 SGMW)与五菱集团。

有人问:这不是吃亏了吗?柳州跳出五菱这个局部、眼前的视角,着眼于五菱事业的整体和长远发展,当地政府的态度是:不求所有,但求所在。

今天的柳州,正在实施"实业兴市,开放强柳"战略。但很多人不理解这个口号的后半句是什么意思。"开放"这个词大家

① 《什么样的城市有底气说:不怕房价跌》,巴九灵,吴晓波频道。

都喜欢说，但事到临头，"独立""自主""全资""控股"这些执念还是很难绕过去。然而柳州做到了。

如今回看，这是柳州工业转型必须付出的巨大成本，但此决定极有远略。上汽带来了政商资源和行业指导，通用带来了技术及管理经验，加上五菱自身的产品实力，公司汽车销量从 2002 年的 15 万辆增长至 2017 年的 215 万辆，国民车型一款接着一款。这不是上汽通用五菱一家的成功，它们的产量摆在那里，就能吸引宝钢、联合汽车电子、德国大陆等一批国内外配套企业到柳州投资建厂，形成产业集群。

目前，上汽通用五菱在柳州有几百家供应商，本地化制造率超过 55%。五菱在合资之时虽然让渡了股权，但品牌、研发团队都在本地，产品迭代能力强、反应快，不用绕一圈国外。

这也让五菱推出的微型商用车——五菱之光，很快在与"竞品"长安之星的竞争中大获全胜。此外，它又在传统商用车的基础上生产出紧凑型、有着独有的后门大面积开启设计的五菱宏光。这种客货兼顾、布满乡村城市的经济型"神车"，在许多国人心里成为中国工业和文化的代表。网友们甚至将五菱宏光称为"中国神车"，在《创世战车》(*Crossout*) 这款可以自己设计车辆的"机械化"对战游戏中，成千上万的玩家不约而同地选择了五菱宏光，以标示自己的中国人身份。

如此一来，通用更看重与五菱的合作"钱景"，多次公开表示"希望增持 SGMW 股份"。在各种博弈之后，五菱又向通用"奉上"了10%的股份。看上去吃了大亏，但这股票没白搭，五菱从通用汽车那里获得了通用 A0 级微型轿车乐驰和 A 级汽车别克凯越。也正是以 A 级汽车别克凯越为平台，五菱做出了 MPV 宝骏730 和 SUV 宝骏 560 两款"神车"。这也让在 2010 年推出的乘用车合资品牌宝骏"牛如其名"。

在宝骏推出之前的一年，五菱的年销量就超过 106 万辆，蝉联乘用车企业销售冠军。公开数据显示，2009 年 SGMW 的盈利能力甚至超过了老牌车企上汽大众。而五菱集团的营收，也从 2002 年合资之初的 20 亿元发展到了 2009 年突破 100 亿元。①

如果说在 20 世纪 80 年代，汽车产业还只是柳州大工业中的一个亮点，那么到今天，它已成为柳州的支柱产业。从广西到柳州，借势发展汽车产业已经迫不及待。

2009 年年底，广西壮族自治区政府下发了《关于做大做强做优我区工业的决定》，将汽车产业列入 14 个千亿元重点产业进行打造，在产业用地、政策和资金扶持上给予倾斜支持。到 2011年 2 月 16 日，自治区把"十二五"计划的首个超大项目确定为建设广西柳州汽车城，并把汽车城定位为建成国内一流、世界先进的现代化汽车生产基地。

作为第一大支柱的汽车产业自然是"一把手工程"，柳州成立了以党政主要领导为组长的汽车产业发展领导小组，统筹协调

① 《广西汽车集团 砥砺奋进一甲子 春华秋实六十年》，姚会法，《中国汽车报》，2018 年 10 月 30 日。

产业发展中的重大问题，并设立汽车城、阳和工业新区、河西工业区、新兴工业园等以汽车产业为主导产业的园区，拓展产业发展空间。

如此意志，加上上汽通用五菱、东风柳汽、一汽柳特、重汽柳州运力四大整车厂的带动，柳州汽车工业的发展在 2010 年迈上历史新台阶，全年全部汽车（含改装汽车）产量达 143.7 万辆，全部汽车工业总产值突破 1000 亿元，达 1027 亿元，成为柳州第一个、广西第二个产值超千亿元的产业。

与此相辉映的，则是粗钢、钢材产量双双突破 1000 万吨，分别达 1003.7 万吨和 1046.6 万吨，柳钢跨入千万吨钢材产能企业行列。这也让柳州的工业总产值在 2009 年突破 2000 亿元的基础上，依旧增长 31.5%，达 2652.6 亿元。

说起来，柳州并非以钢铁水泥为底色，这座喀斯特地貌上的山水之城，主色调是绿色的，到了春天是粉色的，常年位列"中国十佳宜居城市"，这让来过的人心生感叹：这是一座明明可以靠"颜值"却偏偏要靠实业突围的城市。

柳州享受着工业大发展的美好时光，这是大时代给予这座山水工业之城的 A 面。但在遭遇汽车寒冬之前，柳州早已感受到"事情正在起变化"的 B 面。

夹在"大象"中间的"成长密码"

2007 年，唯一一个不设在省城的铁路局从柳州搬迁到了南宁，更名为南宁铁路局。

这一历史的改变，让普铁时代的宠儿，有黔桂铁路、湘桂铁路、焦柳铁路三大干线交汇的柳州，顿时从云端回到了人间。

这与焦柳铁路的衰落有关。在过去很长一段时间内，由于串联起了焦作、洛阳、南阳、襄阳等工业城市，焦柳铁路风光一时。改革开放和交通的迅速发展，让这些城市直接面对来自沿海工业的竞争——此前这些地方性的工业中心可以在计划指令及市场交流有限的情况下在本地区内称雄一方。但竞争让它们纷纷开始"挪位"。

在交通枢纽地位受到挑战的背后，让柳州更不安的是，柳州规模以上工业企业在广西的占比呈现下降趋势，且有被南宁赶超的势头。2010 年，柳州规模以上工业总产值是南宁的 1.85 倍；到了 2017 年，柳州规模以上工业总产值仅是南宁的 1.25 倍。

"举全国之力建设首都，举全省之力建设首府"，这在目前的中国城市竞争中越发成为不争的事实。基本上，各省区的省会（首府）都是本省区的经济产业中心，仅有几个城市能够超越，即大连（对沈阳）、青岛（对济南）、厦门（对福州）、深圳（对广州）。而这些城市都有一个共同的特点——沿海港口城市。

摆在柳州面前的困境是，广西正全力打造南宁，提升其中心地位，桂林的国际知名度更高，也是广西重要的科教文卫中心。从政治地位上来说，柳州比不上南宁、桂林。以前柳州位于它们之间，承上启下，现如今竟然成了"夹心饼干"。

高铁时代，这种失落更显而易见。贵广高铁从柳州之北的桂林呼啸而过，南广高铁则直抵柳州之南的南宁，柳州夹在两大干线之间，可谓"前不着村，后不着店"，而南北方向的呼南通道进入广西也没有选择柳州这个传统的铁路门户。

普铁时代被边缘化的桂林，一下子成为呼南通道与兰广通道的交汇处，南宁更是成为呼南、桂广、包海三大干线的交汇处。

随着交通出现变局，为降低运输成本，贴近国际大生产产业链，柳州的一批工业企业开始外迁，向沿海地区转移产能。2017年柳钢搬迁的目的地就位于南宁更南的防城港，再往前一步就是越南了。柳钢的搬迁引来柳州人惊呼："不得了，柳州要失去半壁江山！"对柳州而言，柳钢是它在汽车产业之外最为亮眼的工业旗帜，为这座城市赢得了巨大的存在感，让这里的人民对每块钢都充满着感情和骄傲。

更致命的是，被边缘化将导致发展视野和格局上出现很大的盲区，让资金和人才难以为继，这必将造成工业发展的后劲不足。

当我们回过头来再看五菱近年来的"滑坡"时，就会感慨，即使是这个很早就以一种开放姿态赢得大发展的车企，也无可避免地存在依赖过去成功的经验和路径，导致反应不及时的弊端。

"以前我们的市场开拓力量看起来冲劲很大，"沈阳也有自己的领悟，"但是当我们进入的领域发生变化的时候，我们没有做出及时的反应。"

此时的沈阳，已经担任上汽通用五菱公司总经理十余年，经历过高歌猛进的过去，也正逢汽车寒冬所带来的陡崖式的变局。因为一直都在领导第一线，这种落差让他感觉更是明显。2019 年上半年，他在工作之余常常精读的有两本书，一本是《实践论》，一本是《论持久战》。

读《实践论》是因为他想搞清楚，自己的团队在实践以后提高了认识水平，接下来该如何去指导新的实践；读《论持久战》是因为他发现，包括自己在内的管理团队、经营团队都面临一个问题——今后不会再出现以前那种势如破竹的局面，每个人都得有一个打持久战的心理准备。

此后的他，在公司大会、小会上基本都会反思五菱所出现的"路径依赖"和"惯性思维"。"过去，我们靠着惯性、靠着原来的力量实现增长，实际上我们的战略在若干年前就已经出现了问题。我们落后于时代，落后于市场，虽然规模上去了，但是它缺乏内在的竞争力和持续成长的推动力，而且随着现在消费升级，汽车形态由原来的产品向综合出行服务转变，我们慢了不止半拍、一拍，甚至 N 拍。"

反思的现实就是，柳州的车企普遍存在着一个"软肋"——造了这么多年车，却一直没有造出多少超过 10 万元的汽车。在汽车产业蓬勃发展时，增长最快的是国产品牌；当汽车遭遇产业寒冬时，受冲击最大的也是国产品牌。由此带来的影响就是，尽管柳州在 2019 年上半年固定资产投资增长势头良好，但工业产值下滑了。

接下来该怎么办，柳州还要不要重点发展工业？柳州有"颜值"，可以发展休闲旅游，甚至因为有深厚的工业历史，可以发展工业旅游。但是，"热爱工业，血液里流淌着工业情怀，骨髓里涌动着工业激情"的柳州，甘心吗？

而且，做了这么多年工业，工业已成为柳州之所以能走到今天，身为三线城市却在诸多"大象"面前依旧不怵的"成长密码"，难道要丢掉吗？

柳州给出了一个大志向：工业还要大发展，而且要建设高质量的产值超万亿的工业城市。在执政者看来，唯有再次跃升，才能建立"护城河"，保护"水土"不流失。

2018 年 4 月柳州当地召开打造万亿工业强市动员大会，同时印发自治区下发的《关于推进柳州市工业高质量发展，建设现代制造城实施方案（2018—2022 年）》的通知，全面开启了新时代柳州工业高质量发展的新征程。

该方案提到，到 2022 年，力争全市工业产值达 8000 亿元，工业增加值年均增长 7%，战略性新兴产业产值占全市工业比重达到 18% 以上，"5+5"产业发展新格局基本形成，建设现代制造城取得阶段性成果。

柳州盘算的"5+5"产业发展新格局算是一个存量优化、增量崛起的战略。"5+5"是指汽车产业、钢铁产业、机械产业、化工及日化产业、轻工产业 5 个传统产业，以及高端装备制造业、新一代电子信息技术产业、节能环保产业、生物与制药产业、生产性服务业这 5 个新兴产业。

具体到汽车产业，则把"转型升级、技术创新、开拓新市场"作为当前的关键词。柳州联手海斯坦普集团、海拉集团，不断地扩大"朋友圈"，选择与世界强企牵手合作共谋发展，也是为了更好地实现自己所拟定的这些关键词。

拿五菱来说，它也在不断地跳出柳州看柳州。2018 年，它将自己的研发中心设在了上海，从更高的视角审视整个行业。同时，五菱加强对自身精神和思维的重塑，开始把宝骏和五菱的定位区分清晰，不将两个品牌挤在同一个消费定位上面。五菱坚持原先的定位；宝骏则向上发展，成为一个年轻化、科技化、智能化的潮牌。2019 年 2 月 11 日，宝骏新能源车型在香港取得无人驾驶测试牌照，无人驾驶物流车已在香港机场投入使用。

在今天的柳州街头，人们还会发现，在一堆五菱宏光之中，穿梭着无数"巴掌大"，外观酷似奔驰 smart 的 E100、E200。五菱把自己在微车上的经验与现在流行的电动化相结合，带来的结果就是推陈出新，把柳州这座城市变成了一个试验场。

随着汽车行业"新四化"的推进，上海卡耐新能源、耐世特、方正电机等配套生产厂家闻风而动，纷纷落户柳州。其中既有第一家落户柳州甚至广西的新能源汽车动力电池企业，也有华南地区唯一一家汽车电动天窗研发设计生产制造基地。新能源、智能汽车等战略新兴产业集群开始凸显，让柳州看到了转型升级的过程中高质量发展工业的增量路径。为了扶持战略新兴产业，柳州又一次苦心孤诣，它和新能源汽车生产企业建立政企快速响应"三级"联动机制，解决企业在推进新能源汽车发展中遇到的购车补贴、充电桩建设、示范小区建设等问题。

根据《柳州市新能源汽车推广应用财政补贴资金管理实施细则》，享受柳州市新能源购置补贴政策的用户，按照车辆年度实际行驶里程 0.05 元 / 公里换算可获得每年不超过 500 元的电费补贴。同时，城市道路临时停放泊位及所有公共场地停车场实行新能源汽车停放免费政策，而且还设置了新能源汽车专用停车位，允许其走公交专用道，过桥不限单双号。可以说，在柳州，新能源汽车享有一定的"特权"。

这让五菱在车市寒冬中感受到了融融的暖意，除了省市两级政府在路权、特许权等方面给予五菱支持之外，柳州还将 E100、E200 作为智慧政务终端来使用。

从这些措施中，看得出来，尽管过去十年里柳州曾面临柳州铁路局和柳钢两次重大产业"南迁"，尽管汽车产业的滑坡造成了柳州工业总产值的同比增速下滑，但铁铮铮的柳州人不会自甘被边缘化。相比 20 世纪 90 年代面临的挑战与窘况，柳州现如今有了更多的底气与工具。

柳州市主政者有着清醒的认识，在柳州非公有制企业家代表座谈会上说："希望我们的企业沉下心来，安安心心做我们的事，不要像狗熊掰玉米一样，一会儿搞房地产，一会儿搞农贸……企业家的成长需要经过一代一代的洗礼，这点我们要学德国人、日本人，人家就有很多百年老店，一代一代传承下去。干实业就得这样，我们的企业才能做到行业最尖端。"

工业是柳州发展的命脉，几代柳州人艰苦奋斗，建起了一座工业重镇。将其所在的区位展开来看，广西也需要柳州的新崛起——作为一个经济洼地，广西中北部如果没有崛起一个二线城市作为其区域经济的核心，该地区的人口和经济必将被周边的贵阳、昆明和珠三角吸走，这势必对整个广西未来的发展不利。

这是一座有着百年工业积淀的山水城市，柳州的企业与政府都必须共同迎接挑战——让广西的"工业心脏"持续发出有力的跳动。

中篇

竞合求索中的产城升级

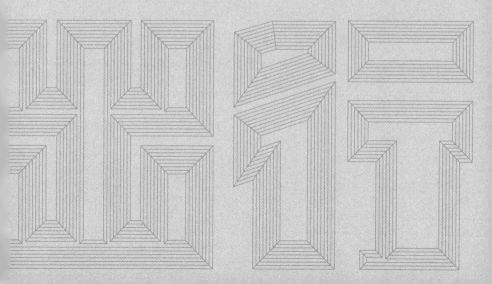

重庆：狂飙突进下的迷城

有人说，重庆是有导航也会迷路的城市，也是自主品牌和豪华车的天堂。

长安与铃木：致青春

2018 年，铃木宣布退出中国，并以 1 元人民币现金将日本铃木及铃木中国分别持有的长安铃木 40% 股权及 10% 股权出让给长安。

两者相遇时都正值青春，值得用怀念的火锅烫一烫。

那是在 1981 年，为了解决万人大厂的吃饭问题，长安派人参加了广交会。在展馆里，长安的考察员转了一圈又一圈，都没发现适合的产品。无心插柳，回去的路上他被一辆擦身而过的小车所吸引，询问得知那是一辆日本铃木生产的微型卡车。正是受铃木微卡的启发，长安开始了微型车的征途。

这并不是长安第一次踏入汽车制造行业。早在1958年，它就生产出了中国第一辆吉普车——长江牌46型越野车，并参加了1959年的国庆十周年大阅兵。因为质量问题加上国内外政治军事形势的变化，长安很快就浅尝辄止。但这一次的尝试，让前身为金陵制造局的军工企业长安，完成了由单一军品生产到"军民结合"的涅槃新生。此后的长安，在民品领域四处出击，相继生产过三线绞边器、溜冰鞋、木钟、游标卡尺、麻纺设备和猎枪等产品。尤其是三线绞边器，一度使长安的民品总产值从1979年的334万元跃升到1980年的1409万元。①但这些产品的市场需求毕竟有限，大多又是缺乏竞争力的低档货，解决不了长安长期发展的问题。

20世纪80年代，与长安相似的一批军工企业都面临着军转民后"第一次创业"的问题，长安的选择是回到"造汽车"上。

考察员在回来提交的报告里，曾提到长安搞微型车有三大优势：第一，长安曾经做过汽车，有经验；第二，符合中央提出的军民结合方针，可利用一部分军用设备；第三，有市场，不愁销量。在改革开放后的中国，汽车已经不是稀奇之物，长安相信汽车会飞入寻常百姓家。不过长安转型的阻力很大，很多人冷嘲热

① 《中国首辆吉普车　重庆长安造》，《重庆商报》，2012年11月23日，第009版。

讽："什么微型汽车，我看是危险汽车还差不多。"一些人还认为，当时国家已经有一汽、上汽和东风，汽车就应该由国营大厂来搞，长安凑什么热闹。

好在当时的重庆市委和西南兵工局的领导支持长安搞微车："他们不让你搞，你就悄悄地搞。等真造出来，就摆一辆车给那些吹冷风的人看看，让他们点头。"①

重庆当地其实很急切地希望长安能在汽车制造上有所突破。这个在西部与成都常有"瑜亮之争"的山城，不甘处于成都的"灯下黑"里。

重庆当然有自己不服气的理由。西风东渐时，由于长江与嘉陵江交汇于此，它遂于 1891 年正式开埠，就此成为内陆大码头和四川对外开放的窗口。开埠的第一年，重庆建起了四川第一家民营新式工厂——森昌泰火柴厂。到了 1915 年，重庆的城市人口已经有 51.7 万，超过成都的 45 万。在抗战爆发前，重庆工业已位居大后方第一，其产值是第二位西安的 50 倍。

重庆之所以成为抗战时的陪都，就在于它四周的湘西云贵和川东北山地屏障，不利于入侵者的机械化部队大规模行动，加上长时间云深雾罩，弥补了当时中国制空权的缺失。这种特殊的政治地位一直持续到新中国成立，当时的重庆不仅是中央直辖市，还是西南大区军政委员会所在地。

---

① 《中国首辆吉普车　重庆长安造》，《重庆商报》，2012 年 11 月 23 日，第 009 版。

到了 1954 年，大区撤销，重庆一下子被降格为四川的省辖市，地位有了极大的落差。"一五"期间，省会成都备受重视，成为国家八个重点投资区域之一，工业水平一跃而上。这种转变让重庆一度很"受伤"。

随后的"三线"建设拉了重庆一把。在备战备荒的特殊时期，国家相继做出"以重庆为中心，用三年或者稍长一些时间建立起一个能生产常规武器并且有相应的原材料和必要的机械制造工业的工业基地""以重庆为中心逐步建立西南的机床、汽车、仪表和直接为国防服务的动力机械工业"等战略决策。

中央将企业管理的权限下放到地方，中国第二次"汽车大潮"涌起，重庆也抓住了这次机遇。在汽车工业方面，重庆有不少动作。在周恩来总理的关怀下，四川汽车制造厂在当时的重庆双桥动工建设，并利用法国贝利埃公司的技术和设备，发展中国的重型汽车制造事业。

重庆曾造过"山城"牌汽车，是由重庆动力机械厂更名而来的重庆汽车制造厂通过土法上马，并由多家厂家敲出来的平头双排座驾驶室的汽车。虽然在计划经济时代，造出来的车根本不愁卖，这种车却与"长江"牌汽车一样，因为拼凑，质量不过关，"除了喇叭不响，全身都响"，结果 1978 年被责令整顿，1987 年彻底停产。

还有前身为重庆北碚机械厂，中途曾更名为重庆农用汽车制造厂的重庆专用汽车制造总厂，也因质量问题亏损数百万元，遭黄牌警告。

不得不说，尽管锐意发展汽车工业是为实现城市的跃升，但技术差、起点低，造成了重庆汽车产业惨淡经营的现实。回溯重庆造车的这段曲折历史，也就能理解对长安造车持非难态度的一方的缘由了。

转折点在 1983 年，重庆实行计划单列，并成为全国第一个进行经济体制综合改革试点城市。计划单列使重庆市成为"行政上的省辖市，经济上的直辖市"。这可是一顶实实在在的"金帽子"，例如引进外资，以前需要国家部委层层审批，审批时间长、金额控制严，许多项目因为捱不过而不了了之。现在由重庆市自己审批，一下子砍掉了所有的"繁文缛节"。这一改革，重庆的汽车工业自然最先受益。

1984 年，长安和日本铃木公司正式签订了技贸合作协定书，进行微车和发动机项目的合作，开始生产"长安"牌系列微车。

随后的 1985 年，国家在《中共中央关于制定国民经济和社会发展第七个五年计划的建议》中正式提出"要把汽车工业作为重要的支柱产业"，重庆和长安踩到了时代的鼓点。

1991 年，长安通过购买散件，组装出了第一批轿车——500辆奥拓。长安给重庆打开了一扇窗，让重庆不仅在微、轻、重型载重汽车领域上有所建树，还得以进入轿车市场。被戏谑为"奥迪的兄弟"的奥拓，是一代人心目中的"神车"，很长一段时间里，它在中国的大街小巷来去如风。

1992 年，中国在轿车生产实行"三大三小"布局的基础上，又加上了"两微"的小尾巴。"一微"的资格正是送给了从日本铃木汽车公司引进排量 0.8 升奥拓微型轿车的长安，"另一微"的资格则给了贵州。这一年，贵州航空工业公司从日本富士重工业公司引进排量 0.6 升斯巴鲁微型轿车，国产后命名为云雀。贵州航空工业公司与长安同属于中国航空工业（集团）公司，在 20 世纪 80 年代后期响应国家的号召，从研发制造飞机、航空发动机等军工产业，完成了向民用产业的转型。

铃木和长安在 1993 年成功"领证"，合资成立重庆长安铃木汽车有限公司。主打廉价小型车的长安铃木风靡中国市场，2003 年年销量就达到了 10 万辆，到 2010 年，销量翻番至 20 万辆，被誉为"小车之王"。

长安合资的成功，一方面得益于企业内部的改革和地方的支持，另一方面在于"时也势也"，即产品很好地切中了当时汽车消费的痛点。大多数刚刚富裕起来的家庭在购买第一辆车时，除了要求皮实之外，还有着低开销、经济实惠的诉求。这无疑与铃木所追求的轻量化、小巧的品牌特质相吻合。

"汽车江湖"

就在长安与铃木"领证"的时候，世界排名前五的福特也对中国市场虎视眈眈。

其前 CEO 特罗特曼（Alex Trotman）一度是访华频度最高的跨国公司高管。1995 年，福特就以 ADRs（美国存托凭证）发行 B 股的方式持有江铃 20% 的股份，进入了中国商用车市场。它对中国市场表现出足够重视的态度，并想要找一个好的伙伴、好的地点，提供有吸引力的产品。

这种寻找不是一蹴而就的。当时，中国在汽车产业上能归为"好"的伙伴并不多，又囿于中国汽车产业的国家管制模式，福特可选择的对象没几个。福特曾与上汽有过合作机会，但在与通用的竞标中没有成为最后的胜利者。而在另一端，长安能不能从一个微型车生产厂商走向大型汽车集团，重庆对此也抱以巨大的期待。

事实上，当年争取长安的，除了福特还有通用。相比福特，通用对合作并不愿意付出太大的热忱，其更大的目的是阻止福特进入中国。

2003 年 1 月，成立仅 21 个月的长安福特下线了首款经济型三厢轿车嘉年华，开启了福特汽车在中国市场的新征程。同年 5 月，长安福特推出了第二款车型蒙迪欧，首批产品采用进口组装方式生产。2004 年 2 月，国产蒙迪欧问世，成为中高档轿车市场的性价比之选。2005 年 9 月，长安福特福克斯三厢版下线。同年 10 月，长安福特重庆工厂第二总装车间竣工，产能从年产 2 万辆提高到 15 万辆。

福特要的就是这种"重庆速度"，三款车型组成的产品矩阵，成就了福特汽车第一次在中国市场崛起的美好故事。而长安汽车凭借着手上的两张王牌，开启了"第二次创业"。

重庆的汽车工业伴随着长安汽车的发展而快速成长。2006年，长安开启自主品牌板块，大举进军乘用车市场。这年的11月，历时3年打造的首款轿车长安奔奔上市，长安正式走上了"以微为本，以轿为主"的发展之路。这在让重庆汽车工业产业链更加完善的同时，也让重庆本土的自主品牌轿车初现峥嵘。很多企业跟在长安的身后，成为重庆汽车产业新的动能。

也正是在2006年这一年，民营企业力帆汽车的第一辆轿车"520"正式上市。这个车名既不是平台代号，也不代表发动机排量，而是"我爱你"的意思。

此时距力帆进入造车行业才刚刚过去3年左右的时间。在造车之前，它的起家与吉利相似，都是做了多年的摩托车业务。但这种业务的发展既需要社会变得富裕，又怕社会变得更富裕——因为更富裕之后，消费者就会抛弃摩托车而选择轿车。

随着摩托车业务越发呈现疲态，加上加入世贸组织之后中国汽车市场巨大的消费潜力开始显现，力帆的老板尹明善义无反顾地拥抱汽车。最终，他利用重庆专用汽车制造总厂实行改制的机会，实现了自己的造车梦。

尹明善曾经因历史问题坐过牢，平反后当过英文翻译、电大老师、民营书商等，直到54岁"高龄"才开始创业，有着"打不死"的基因。尽管比起吉利、比亚迪等更早起步的车企来说，力帆已经错失了进入汽车业的最佳时机，但尹明善相信咬着牙也会挺过来。在他看来，早一点造车也许只需要三五年就能做起来，但晚一点就要八到十年。

今天回头看，尹明善对造车的判断显然过于自信。在长安和力帆的带头下，重庆涌现出了一批像银翔、小康、鑫源这样的"摩转汽"的民营车企，进而形成"长安为龙头，'摩转汽'企业为辅"的"汽车江湖"。

与长安如出一辙，这些民营车企先通过微车切入市场再做乘用车，并为此找到了不同的合作伙伴。小康牵手东风成立了东风小康，并推出东风风光品牌；银翔牵手北汽成立北汽幻速，在北汽幻速短期内取得市场成功后又独自成立了北汽比速；而鑫源则通过收购意大利摩托车品牌SWM，在此基础上成立了斯威汽车。

2009年，国家发布《汽车产业调整和振兴规划》。这距离国家在汽车生产上实行国家垄断只过去了一二十年，但世界已经天翻地覆。这一年，世界汽车产业集中出现众多重大变故。美国市场被亚洲厂商控制，菲亚特收购了克莱斯勒，中国吉利则收购了沃尔沃。这一年，也是中国第一次超过美国成为世界最大汽车市场的一年。这一年对重庆的汽车产业同样具有深刻的意义，重庆汽车产量首次突破百万辆，达到118万辆，位居全国前三。

在重庆市的国民经济和社会发展统计公报中，你会发现，汽车产业自2000年开始带动了重庆市经济的整体增长。

2000 年的公报在谈到汽车、摩托车的发展时，只是点到了它们自身的发展数据："全年生产汽车 24.6 万辆，比上年增长 12.5%；生产摩托车 191.07 万辆，增长 9.2%。"但在 2009 年，公报已然将它们视作支柱产业："从支柱产业看，汽车摩托车行业总产值 2223.79 亿元，增长 21.3%，占规模以上工业总产值的 33.2%；装备制造业总产值 1091.14 亿元，增长 18.0%，占规模以上工业总产值的 16.3%。"

这种快速发展既让重庆欢欣，也让它心存忧虑。为了改变汽车产业一家独大的状况，也正是从 2009 年开始，重庆通过引进培育，从无到有发展智能终端制造产业。尤其是惠普落户重庆，更是带来一批电子代工企业巨头入驻，从而形成了 "5+6+860" 的电子信息产业集群，也就是拥有 5 个世界级品牌商，6 个世界级的 OEM（定点生产）制造商，以及 860 多个零部件配套厂商。

你很难想象，一个位于中国内陆的老工业基地，一个地处崇山峻岭的 "火锅城市"，短短数年竟然生产了全球三分之一的笔记本电脑、全球 90% 的网络终端产品。[①] 这种产业发展速度无疑让重庆增添了几许自得。

电子信息产业的发展，让重庆形成了电子、汽车双轮驱动，其他产业多点支撑的格局，减轻了压在汽车产业上的负担。

伴随着中国城市 GDP 竞赛的展开，加之中国汽车消费的逐渐走强，重庆对汽车产业的更高追求已然刹不住车。

---

① 《从制造到智造》，王哲，《中国报道》，2016 年 02 期。

1949 年以来重庆城市定位变化表

时间	定位
1949 年初步规划	以钢铁、冶炼、机械制造、电机交通工具制造、煤炭、化工、建筑材料、造纸、医药、轻重化工为主的综合性的现代化的工业城市
1983 年城市规划，1990 年调整	我国的历史文化名城和重要的工业城市，是长江上游的经济中心、水陆交通枢纽和对外贸易港口
1998 年城市规划	我国直辖市之一，国家级历史文化名城，我国重要的工业城市和交通通信枢纽及贸易口岸，西南地区和长江上游最大的中心城市和科技、文化、教育事业的中心
2007 年城市规划	我国重要的中心城市、国家历史文化名城、长江上游地区的经济中心、国家重要的现代制造业基地、西南地区综合交通枢纽

（来源：《国家中心城市建设报告（2018）》）

一路狂飙

　　重庆汽车产业欣欣向荣的同时，成渝之争也一度变得白热化。如果成都要做"西南地区商贸、金融、科技中心和交通、通信枢纽（三中心两枢纽）"，那么重庆就要"努力把重庆建成长江上游的经济中心"。

　　2004 年，川渝双方签订了《关于加强川渝经济社会领域合作，共谋长江上游经济区发展的框架协议》，开始寻求合作，但这并没有让重庆淡化对自身在西部的地位的确认。这一内心的小火苗，一直烧到了 2016 年国务院发布《成渝城市群发展规划》。规划按照"国家中心城市"建设规划，提出了成都、重庆"双中心"的设想。

同样是在 2004 年，重庆市政府曾发布《重庆汽车产业发展规划》，提出 2010 年重庆市的整车产销量将达到 150 万辆，销售收入将达 1350 亿元，重庆市轿车生产的比重也将从 25% 提高到 70%，汽车工业将成为重庆工业经济最强有力的支撑之一。

毫无疑问，在造车上感受到巨大红利的重庆，看到了大江奔涌的"黄金时代"，更大的雄心跃出了地平线，向着太阳喷薄而出。值得一提的是，2005 年重庆 GDP 增速只排在全国第 22 位，已是"身体赶不上灵魂"的状态。

让重庆对发展汽车持续抱以信心的，还有其他诸多因素。比如说，2008 年全球金融危机之后，欧洲、美国汽车市场份额逐渐下降，亚洲地区则逐年上升；中国的汽车市场份额达全球的 20% 以上，尤其是中国内陆的中西部地区正在崛起，包括重庆在内的内陆二三线城市已成为中国汽车销售增长最快的地方。

重庆的利好还包括人口多，城镇化率在不断提升——到 2011 年，城镇人口就由 1996 年的 848.21 万人上升到 1605.96 万人，增长幅度达到 89.3%，年均增加 50.52 万人；城镇化率由 1996 年的 29.5% 上升到 55.0%，年均上升 1.7 个百分点。截至 2017 年，重庆城镇化率已达 64.1%。

2011 年 5 月发布的《重庆市 2010 年第六次全国人口普查主

要数据公报》中，重庆全市常住人口已达到 2884.62 万，到 2017 年，重庆市常住人口已达到 3075.16 万。但重庆的工资水平相对沿海地区较低，即使到 2017 年，重庆的在岗职工工资水平还位列 36 个重要城市中的第 29 位。

这对人力资源密集型的汽车产业和电子信息产业来说，无疑是好事。在汽车之家刊发的《中国汽车城——重庆篇之汽车工业的发展》中提到，越来越多的车企选择在重庆布局整车厂，除了考虑到重庆有低廉的制造成本（土地、人力、能源）、完备的配套基础、便捷的物流条件等优势，还考虑到其可以就近辐射广大西部市场。

上汽通用五菱无疑也是这样想的。此前它曾在青岛建立基地，生产五菱荣光及荣光 S，同时一直努力在全国寻找下一个基地。在西安、成都、武汉等多家城市向它伸来橄榄枝之后，它最终却选择了重庆。2012 年 11 月，上汽通用五菱与重庆两江新区签约，建设上汽通用五菱重庆基地。和以前通用与长安合作时的"别有用心"相比，这次上汽通用五菱拿出了相当大的诚意，只用了 15 个月就造出了中国现阶段商用车的标杆工厂。

上汽通用五菱重庆基地的建设，意味着重庆正式完成了东西联动、南北呼应的地理格局。另外，重庆市实施的"汽车下乡"补贴政策中，补贴只针对重庆区域内生产的微车，一直以来，这对于长安而言是一个极大的扶持，长安在重庆区域的微车销量一直领先于五菱，并占据了重庆市场 80% 以上的市场份额。而随着五菱开始在重庆进行生产，同样享受财政补贴的五菱微车也将提高市场竞争力。

与重庆此前诸多"摩转汽"企业不同的是，这是外地的整车企业在合资之外落户重庆的先行者。尽管只是"试水"，但它让重庆的一个设想变得清晰起来。

在 2013 年 6 月举办的首届中国汽车市场发展高峰论坛上，重庆市政府向外界透露了这样一个重要信息 —— 要通过打造"1+8+1000"的汽车产业体系，来实现成为"中国的底特律"的梦想。它甚至在《重庆市汽车工业三年振兴规划》里明确宣告，2015 年重庆整车产能将达到 480 万辆。

在重庆看来，与美国重要汽车制造商都集中在底特律不同，中国的汽车制造业分散布局在重庆、上海、长春等不同地区，形成一个地区一个汽车品牌的局面。但是，重庆现在要改变这一格局，打开大门，引各种汽车厂商在重庆聚集，形成"1+8+1000"的汽车产业体系。和"5+6+860"意义相似，其中的"1"就是 1 个龙头，自然是指长安；"8"是指位居中国前 10 位的 8 个汽车品牌，在重庆建成或在建年产能为 30 万、50 万辆汽车的基地；"1000"是指重庆形成拥有上千个汽车零部件企业的配套体系，包括博世、奥托立夫等众多世界 500 强汽车零部件企业。而长安福特车、铃木车的配套，在重庆也可以达到 80% 的本地化率。在"1+8+1000"的汽车产业体系之下，重庆将构成不同层级、分工协作的汽车集群。

为此，重庆还大力完成了几个"配套动作"。一个是建设内陆开放高地，形成两个保税港区，可在较长周期内进行汽车橱窗展示，并在内销时加以充分利用。重庆成立汽车金融公司，亦能促进汽车市场份额增长。一个是打造云计算中心，为实现"民众看了汽车展示就能订货，厂家再根据订货进行生产"这一新营销方式提供条件。

还有一个就是"渝新欧"国际铁路联运大通道的打通。这条从重庆出发至德国杜伊斯堡，全长 11179 公里的铁路，于 2011 年开通。它的出现，改变了过去中国贸易"一江春水向东流"（西部货物先运到东部沿海，再走向世界）的局面。比如福特，此前在重庆只能生产中低档车，因为即使它想生产高档车，当地也无法提供零部件，只有从欧洲走海运先到沿海，再从沿海运到重庆，成本会变得很高，所以不如在沿海直接设厂。但是有了"渝新欧"这条"新丝绸之路"连接重庆与欧洲，就可将重庆汽车制造业从中低档汽车制造提升到高档车制造。"渝新欧"铁路的另一作用，是使得在重庆设立整车进口口岸成为可能。

事实正如当时所想。2014 年，重庆整车进口口岸正式获批。北京时间 8 月 14 日上午 10 点，共搭载 80 辆进口奔驰、宝马、大众汽车的"渝新欧"首趟原装进口汽车整车班列于德国杜伊斯堡车站发出，开往重庆团结村铁路口岸。

一边是想尽办法做大做强汽车产业，一边是冲着各种利好而来，重庆一时间成了在沿海地区之外冒出来的汽车产业的"新大陆"。在上汽通用五菱之后，更多的车企源源不断"赶赴"重庆。2014 年 12 月，北京现代与重庆两江新区签订协议，建设北京现代重庆工厂；2015 年 11 月，由众泰控股集团投资的重庆众泰汽车项目在璧山区开工；2017 年 12 月，长城汽车重庆永川区生产基地项目签约。

很快，重庆的汽车产业体系由"1+8+1000"变成了包括上汽红岩、上汽通用五菱、东风小康、北京现代、华晨鑫源、力帆汽车、庆铃汽车、潍柴嘉川、北方奔驰、恒通客车等 10 多家骨干企业的"1+10+1000"的产业集群。

在重庆的产业政策的持续刺激下，重庆的汽车产能显著增长。2010 年产量全国第三，2011 年和 2012 年是全国第二，2013 年和2014 年略有下滑，分别为第五和第三，但到了 2015 年又强势增长，破了 300 万，成为全国产量第一，2016 年虽被广东省超越，但二者的差距并不大。

重庆各区县发展也因此水涨船高。根据《重庆日报》报道，重庆市北碚、江津等 9 个区县 2013 年汽车制造业产值均突破百亿元，其中渝北区汽车制造业产值更是达到 1170 亿元，是全市首个汽车制造业千亿级区县。受益于长安福特等辖区内企业产值的高速增长，渝北区汽车制造业产值在这一年同比增长 49%。合川区则在北汽银翔的带动下，汽车制造业产值净增 20 亿元，同比增长达到 110%，成为全市汽车制造业增速最快的区县。另外，大足和北碚的汽车制造业产值分别增长 22%、15%，均突破 100 亿元，是重庆市 2013 年新增的两个汽车制造业"百亿区县"。

尽管重庆有意发展电子信息产业来实现"双轮驱动",但从 2013 年至 2016 年的数据看,汽车制造业这只"轮子"依旧跑得很欢快,其占重庆市工业总产值的比重从 18% 上升到 20%,保持着重庆工业经济头名的位置。

这个优势一直维持到 2017 年,却在下一年突然"大失速",甚至开起了倒车。

繁荣下的幻影

我们这时再看铃木退出中国,就不是故事,而是一种事故了。伴随着铃木退出中国,重庆汽车产业还出现了更多不祥的征兆。

2014 年才有新车上市的东风风光和北汽幻速在一度成为市场上的黑马之后,销量很快便遭遇滑铁卢。东风风光明星产品风光 580 在 2019 年 2 月 SUV 销量排行榜中,仅卖出了 6321 台,排在整个榜单的第 24 位;而在鼎盛时,它曾有过一个月 2 万台的销量。北汽幻速更是陷入了重组的"套路"。2018 年,北汽银翔因资金链紧张而被迫停产,刚刚建成五六年的工厂厂房"人去楼空"。这种危机带来的巨大压力,也传导到了包括经销商在内的供应链体系当中。

扣非净利同样出现亏损的还有小康股份。2018 年,小康股份归属于上市公司股东的净利润为 1.06 亿元,同比下滑 85.33%;归属于上市公司股东的扣除非经常性损益后的净利润为亏损 1.5 亿元，同比下滑 123.84%。

有评论说，这些变故有如中兴之于芯片，戳破了某种繁荣下的幻影。

现在看来，东风风光、北汽幻速当年的成功，一方面得益于汽车大消费的红利，另一方面也缘于它们自身的"讨巧"——进入了合资品牌未曾过多留意的 SUV 市场。然而，随着 SUV 扎堆上市，加上合资品牌缓过神来开始针对中国 SUV 市场发起攻势，曾经的"红利"变成了"红海"。很多依靠外型及价格优势成功的品牌适应不了市场的突变。

这种"适应不了"，映射的其实是重庆诸多"摩转汽"企业的通病，那就是技术研发能力不强，在激烈的市场竞争中缺少核心竞争力。这种通病在汽车产业一路向上时被有意无意地掩盖了。但随着中产阶层崛起，消费升级，诸多汽车消费者不再只对价格敏感，而是对车辆的性能、空间、豪华程度提出了更高的要求，重庆汽车产业就显得有些力不从心、后劲不足了。

这也是铃木退出中国的重要原因。当年风光一时的它，在中国私家车消费者开始换车、添置第二辆车的时候，无法提供更高端的产品，只能结束自己在中国享受多年的美好时光。

2018 年，重庆的汽车产业像是在姹紫嫣红的阳春突然遭遇了倒春寒。除了东风风光和北汽幻速，力帆也陷入了资质转让的传闻漩涡。这年年底，力帆以 6.5 亿元价格将集团旗下子公司力帆汽车有限公司卖给了由李想在2015年7月创立的车和家。这是一家致力于打造全新智能电动交通工具、改变用户传统出行体验的新势力造车公司。这年10月，车和家发布了智能电动车品牌"理想智造"。这一由新势力对传统造车的收购，凸显出造车新势力的来势凶猛。但需要指出的是，车和家并不是收购力帆股份的全部汽车业务，而是收购其中一部分车型的生产制造业务。力帆对此的解释是，此次出售只涉及汽车生产资质，工厂、设备、土地等资产都还是力帆的。但不管如何，力帆的转让还是随着一纸公告，激起了千层浪；力帆在造车上连年亏损多达20.43亿元的表现，也使其再次走入外界视野。

即使是重庆汽车产业的龙头老大，长安在送走铃木之后，坏消息也没停过。长安的自主板块略显疲态，更重要的是，它的钱袋子——长安福特的销量持续走低。

在外界看来，这无疑与福特没有跟上中国市场发展的步伐有关。比如，它的很多在售车型已经走到了产品末期，上市时间最短的福睿斯也已经卖了4年，到2018年，福睿斯又改款上市。多款车型一直是小改款而不换代，这无疑让潜在买家提不起兴趣。这在中国汽车消费由卖方市场转变为买方市场的关口更为致命。

同样要命的是发生在福特翼虎身上的"断轴门"事件，这不仅让长安福特损失巨大，先后两次召回近30万辆翼虎，而且还导致它错过了SUV发展的红利。根据2018年12月SUV销量排行榜，翼虎12月的销量仅有1298辆，全年也只有31149辆。出身微车的长安尽管受合资熏陶多年，在品控上依旧做得不到位。

重庆看长安，长安看长福。长安福特的销量下滑，严重地影响了长安汽车总体的财务报表。这也让长安汽车集团2018年的整体销量被一汽集团、北汽集团和广汽集团超越，从六大国有汽车集团中的销量第三落至第六。

"长安一黄知天下秋。"相应地，2018年，在重庆工业"6+1"支柱行业（即电子制造业、材料业、化医行业、装备制造业、消费品行业、能源工业及汽车制造业）中，汽车制造业是唯一出现效益负增长的行业，其增速由2017年的6.2%骤降至2018年的-17.3%。

数据显示，2018年重庆全年的汽车总产量为172.64万辆，同比下滑35.89%，远高于全国3.8%的平均降幅，位于广东、上海、吉林、湖北、广西之后，居全国第六。这种状况到2019年依旧没有缓解，第一季度重庆汽车产量为37.84万辆，同比下滑34.83%，被北京反超，排名第七。

一次史无前例的深度调整，使得一直将汽车产业视为"压舱石"的重庆毫无意外地受到冲击。重庆市GDP突破2万亿高峰之后，经济增速伴随着制造业放缓，地区生产总值增速回落到个位数。2018年全市地区生产总值20363.19亿元，同比增长6.0%，低于8.5%的预期，也是近年来首次低于全国增速。

重庆经济的"天花板"开始显现。重庆的经济增长对固定资产投资依赖过大。重庆前几年一直维持着20%的固定资产投资增速，最高的是 2011 年的 31.5%。要知道，2017 年重庆的固定资产投资居直辖市之首，比上海高出 10000 亿！随着国家去杠杆力度加码，重庆的固定资产投资增速降低到个位数。固定资产投资乏力，制造业低迷，构成了重庆经济的主要难关。

狂飙的重庆汽车产业，让重庆形成了一个巨大的产业集群，但也埋下了一个隐患——布局多是传统的燃油机车企，导致了重庆在面对中国汽车市场大变局时有些措手不及。问题很明显：一方面，产业链依旧比较低端，受到外部经济、政策环境制约明显；另一方面，船大难调头，某个龙头企业失速，整个经济形势都受到影响。

中国汽车产业已不可避免地进入新的竞争时代，一路狂飙的重庆需要开启以汽车产业为代表的转型升级之战。重庆当地显然心情格外迫切，在主政者看来，如果再不谋求转型，未来面临的将不仅是支柱产业能否支撑得住的问题，还有背后几十万人的就业问题。

人们必须认识到，重庆眼下的低迷绝不意味着这座城市的发展见顶。实际上，广阔的腹地、3000 万的人口、高度本地化的产业链，以及"米"字型高铁通道的打通，都意味着重庆的潜力需要重新整合挖掘。

经济增速的下滑未必全是坏事，至少可以使重庆告别以往粗放式的增长模式，避免危险的过剩物，倒逼重庆开始转向高质量的发展。

重庆未来需"东张西望"

为了自救，重庆将新能源汽车和智能网联汽车当作自身转型升级的两大关键。

2018 年年底，重庆市人民政府办公厅下发的《关于加快汽车产业转型升级的指导意见》（以下简称为《意见》）中提出，要大力提升汽车产业产品电动化、智能化、网联化、共享化、轻量化水平，打造现代供应链体系，壮大共享汽车等应用市场，实现产业发展动能转换。

《意见》中还提出，到 2022 年，全市汽车产业在全国的领先地位进一步巩固，年产汽车约 320 万辆，占全国汽车年产量的 10%，实现产值约 6500 亿元，单车价值量实现大幅提升。其中，年产新能源汽车约 40 万辆、智能网联汽车约 120 万辆，成为全国重要的新能源和智能网联汽车研发制造基地。面对中国车市的回调，重庆汽车工业还是怀着一颗在新一轮经济竞争中后来居上的雄心。

作为重庆汽车产业的支柱企业，长安也在未雨绸缪。2017 年 10 月，长安抛出了千亿"王炸"——被视为其第三次创业的"香格里拉计划"：到 2020 年，完成三大新能源专用平台的打造；到 2025 年，全面停售传统意义的燃油车，实现全谱系产品的电气化。在这一计划的发布会上，长安一口气上市了三款新能源汽车车型——CS15EV、逸动 PHEV、新逸动 EV300，同时正式成立新能源出行公司——长安出行。同年 12 月，长安新能源汽车事业部成立，职能就是全面落地"香格里拉计划"。

2018 年，长安又紧锣密鼓地推出融合了长安最新智能化成果和互联网技术的 CS75 PHEV 和逸动 EV460。

与此同时，长安福特也正式加入了新能源战队。2017 年长安福特在重庆举行了新工程开发中心开工活动，宣布将新投资约 8 亿元人民币扩建工程开发中心，用于整车、发动机、动力及新能源汽车的研发和测试。出于对新能源汽车的重视及重新定位福特自身的全球业务，福特将中国市场与北美市场并列为公司的两大核心市场，福特中国升级为独立运营的业务单元，将直接向全球总部汇报。这些都将改变福特在长安乃至中国的未来命运。

让长安在 2018 年这个令人垂头丧气的一年还能对未来有一丝遐想的，是南京江宁的长安汽车新能源汽车项目正式开工建设，该项目总投资 200 亿元，计划年产能 24 万辆，产品包括高性能跨界 SUV、轿跑等多款纯电车型。

想当年"出身"洋务运动的金陵机器制造局，冒着抗日前线的弹林炮雨，从南京来到重庆，为民族解放事业做出了巨大的贡献，如今，它又以长安汽车的面目重返南京。

长安在南京的投资，可以通过汽车产业推动中国长江经济带的形成和发展。在这条长江经济带上，有着众多重要的汽车产业节点城市，除了重庆、南京，还有武汉、合肥、芜湖及杭州、上海等。

"东张"之外，重庆要想发展汽车产业，还有必要"西望"。尽管 1997 年成渝分家之时，重庆带走了近八成的汽车工业产值，让四川的汽车产业"一夜回到解放前"，成都的汽车工业也近乎从头开始，但今天的成都已经不同凡响。

与重庆面对成都的心态相似，成都也不会甘于在这位小兄弟面前没落。多年来，成都在汽车产业上的投入也无比巨大。相比重庆，成都尽管底子薄，但省会城市的优势及强烈的发展意志，还是让它迎来了与丰田的合作，进而争取到了吉利和沃尔沃，一汽、东风又相继落地。

成都一改自己多年的遗憾——重庆是生产基地，却不是主要消费市场；相反，成都作为西南汽车消费最强劲的城市，却不是生产基地。

如今的成渝，区域一体化已经成为摆在桌面上的话题。"双中心"的确立，彻底地解开了成渝之间多年的心结。两者争来争去，也发现因为实力相差不大，谁都占不到绝对优势，这也就意味着形成了"谁都想争过谁，谁都争不过谁"的尴尬局面。与其如此，倒不如在竞争中合作，共同做大局面。对于成渝的汽车产业来说，亦是如此。

2015 年 10 月 21 日，南方集团中国长安成都汽车零部件工业园正式开工，工业园总投资 50 亿元，旨在建成行业标杆，推动以先进技术为核心的汽车零部件产业迈向高端。入驻该园的企业带着很明显的"成都"属性：成都华川、成都天兴、成都宁江昭和、成都陵川特种工业……

这不是长安与成都的第一次握手。早在 2014 年，长安汽车在成都地区的采购金额就在 20 亿元上下，有 30 家左右的供应商来自成都及其周边地区。原因也简单，每个车企在选择零部件供应商时都必须从质量、成本、开发、交付等方面综合考虑，成渝两地有着不可取代的地缘优势。相应地，四川一汽丰田的稳定供应商中就有来自重庆的捷太格特。这种相互需要，其实暗合了成渝在较劲多年之后的切身感受——竞争诚可贵，合作价更高。

今天的重庆汽车产业需要成都。就在重庆发布《关于加快汽车产业转型升级的指导意见》的同一年，成都也出台了《成都市推进绿色经济发展实施方案》，提出到 2022 年，绿色经济将成为成都现代化经济体系的重要支柱，绿色低碳制造业将实现主营业务收入 3000 亿元以上。其中，新能源汽车整车年产量将达到 10 万辆、全产业链主营业务收入将达到 1000 亿元，新能源产业实现主营业务收入 300 亿元以上，培育行业龙头企业 1 家以上。

这并非无的放矢。对丰田、沃尔沃的把握，让成都一起步就站在了高起点。此外，拥有包括四川大学、电子科技大学、西南交通大学、西南石油大学等在内的诸多高校，也让成都在发展汽车产业方面拥有相对优越的"心智"。正因如此，当新能源汽车、智能汽车成为世界汽车工业发展的焦点之际，成都才能更好地顺应时势。

成渝双城不约而同地将自己汽车产业的未来重点聚焦在了一

起，这意味着新一轮竞争的开始，与此同时又让成渝两地的汽车产业拥有了更多的共同话题。

两地无论是掰手腕，还是一起紧握着手，都将会印证这样一句话：

重庆待重庆，成都望都成！

安亭：一个城市配角的进化史

2015 年，李斌来到安亭，开始招兵买马，创办蔚来。这是他迄今为止最难的一次创业。

正如蔚来的中文谐音，也正如它的英文 NIO（取意 A New Day，即新的一天），他把这次创业视作人生的又一次全新的开始。

在多年创业的过程中，这位北京大学毕业的学子，大多数时候与北京息息相关，甚至就连蔚来的创立也是被北京的天空所刺激——2014 年 2 月 24 日，整个北京城几乎都笼罩在一片逃也逃不掉的雾霾中。站在阳台上，李斌拍摄了一张窗外天空的照片，并给自己写了一封信。他后来说："汽车突破对空间的限制，意味着自由和美好，但是拥堵、环境污染等问题，是不是离这个目标有点远了？我告诉自己要付诸行动了，现在我经常还会去看那封信，这就是我创办蔚来的初心。"

但远在上海的安亭，却成了他全新梦想的承载地。这个在地图上只是偏居上海西北的"小不点"，远没有静安寺、徐家汇那样深入人心，即使它有着悠久的历史。"清江一曲汉时亭"，早在汉代的时候，它的名字就出现在了史册中，并留下了著名的人文景观菩提寺，但它依旧默默无闻了千余年，唯有一江吴淞水，浪奔浪流。然而，中国汽车行业的每一位从业者却不敢对它不敬。

就在这片土地上，诞生了中国首辆桑塔纳，还建成了国际汽车城。F1赛车的轰鸣声还没停息，无人驾驶的风潮又掠过了这片土地的街头。可以说，它见证了中国汽车产业的变迁和发展。蔚来总部对面，就是上海国际汽车城及上海国际赛车场。它们隔蕴藻浜相望，却让过去与未来相连。

和诸多大型城市周边的城镇一样，安亭本来只应是舞台上的一个配角，是周星驰电影里所谓的"死跑龙套的"。而且在很长一段时间内，它的"身份"也变来变去，让它没有太强的归属感——抗战前隶属江苏省嘉定县，日寇侵华期间又被划归江苏省昆山市，到1946年复归江苏省嘉定县。但说来说去，最终还是上海及汽车工业的生长，给了它莫大的荣耀。

向生产型城镇转型

随着19世纪40年代的开埠，位于长三角粮仓、濒江临海、具有无比优越的地缘优势的上海，在八面来风中迅速成长为远东闻名的都市。

1949 年，上海的 GDP 在全国所有城市中以 22.74 亿元位居第一，随后是 6.84 亿元的天津、3.09 亿元的南京、2.87 亿元的青岛，以及 2.53 亿元的无锡（北京仅有 1.01 亿元，没有挤入前十榜单，大连虽然有 4.26 亿元，但当时被苏联托管，因此不计算在内）——日后虽有浮沉，但上海这种强势的经济地位，不曾有多大的改变。

也正是在这一年的 3 月 17 日，《人民日报》发表题为"把消费城市变成生产城市"的社论，指出："怎样才能把城市工作做好？怎样才能使城市起领导乡村的作用？中心环节是迅速恢复和发展生产，把消费的城市变成生产的城市。"显然，只有把消费的城市变成生产的城市，大力推动城市工业的发展，才能带动新中国的工业化进程。

尽管相比以北京为代表的"统治阶级所聚集的大城市"，以及以天津为代表的"虽也有着现代化的工业，但仍具有着消费城市的性质"的城市，上海算是新中国工业基础最好的城市，但新中国成立前后，上海就业总人数中居于第一位的还是从事商业的人口，为 31.7%，其次才是从事工业的人口，为 21.77%。所以，上海同样面临着向生产型城市转型的任务。

对于上海自身来说，新中国成立之后外部形势的变化，导致了它在对外贸易、国际资金融通、先进技术和文化交流等方面的中心地位逐渐弱化，加上高度集中统一、以行政办法管理为主的金融体制的建立，中国银行、交通银行等金融机构的总行、总公司陆续搬至北京，外商金融机构陆续停业，上海唯有通过建设生产型城市，才能取得新的发展支撑点。[1]

1901 年，上海街头首次出现了两辆奥兹莫比尔（Oldsmobile）汽车；到 1949 年，汽车修理商行近 200 家、从业人员 1200 人的上海，自然开启了发展自身汽车工业的道路。

1955 年 11 月，上海市内燃机配件制造公司成立，主管业务包括上海汽车零配件行业。新中国的上海汽车工业正式起步。1957 年，上海第一辆越野车在上海汽车装修厂问世。它是以美国的威利斯公司（后被美国汽车公司重组）的轻型越野车为基础试制出来的。12 月，该厂又试制出了三轮汽车，这也给了它日后更多发展的机会。次年 4 月，该厂被划归上海市动力机械制造公司（1969 年改为上海市拖拉机汽车工业公司）领导，并更名为上海汽车装配厂。

此时的中国，尽管汽车工业基础薄弱，但对发展汽车包括轿车充满着热情。一汽在制造出解放牌卡车之后，又于 1958 年 5 月试制成功第一台东风牌轿车（红旗轿车的前身），结束了中国不能独立生产轿车的历史。尽管这台轿车的外形与法国西姆卡汽车十分相似，但它还是融合了许多中国元素，比如车灯使用了中国古代宫廷红纱灯的元素，车标则设计为一条龙。

1958 年 9 月 28 日，上海汽车装配厂也不甘落后，在波兰华

---

[1] 《试论新中国成立初期上海城市功能的转型》，张励，《史林》，2015 年 04 期。

沙轿车和美国顺风轿车的基础上，依靠钣金工和电工敲敲打打，用了 4 个月生产出了该厂的第一辆轿车。为了与龙呼应，该厂便以凤凰为标志，将其取名为"凤凰"，寓意"龙凤呈祥"。

紧接着，该厂以奔驰 S220 轿车为基础对汽车继续改进。1959 年 9 月 30 日，新的凤凰轿车诞生。1960 年，上海汽车装配厂更名为上海汽车制造厂，年产三轮汽车 1317 辆，凤凰牌轿车 12 辆，生产方式从手工操作发展到初步实现敲模和总装生产流水线方式。①

也正是在这一年，上海汽车制造厂——上海汽车集团的前身，从茂名南路迁入安亭。

汽车是安亭"最美好的相遇"

今天我们再看茂名南路，这个上海著名的"酒吧一条街"已是寸土寸金之地。你很难想象，上海会将一个整车厂继续放在这块区域。

一边是急切想要发展工业的欲望，一边却面临着中心城市空间不足的缺憾，这让上海产生了难以自抑的扩张野心。

根据上海"充分利用，合理发展"的工业建设方针，1956 年，上海市规划建筑管理局编制了《上海市 1956—1967 年近期规划草

———————————
① 《中国汽车城——上海篇之汽车工业的发展》，李伊文，汽车之家，2018 年 9 月 25 日。

图》，提出了开辟近郊工业用地和远郊卫星城的构想。同年10月，市长办公会议在听取了规划建筑管理局的汇报后，决定首先集中发展闵行卫星城镇。这也是上海第一次将卫星城的建设提上市政府的议事日程。

1957年12月，上海市一届二次党代会正式做出了"在上海周围建立卫星城镇，分散一部分小型企业、以减轻市区人口过分集中"的决定。

某种意义上，其理论渊源可追溯到19世纪末英国社会活动家E.霍华德（E. Howard）提出的"田园城市"。后来，美国学者G.泰勒（G. Taylor）正式提出并使用"卫星城"概念，这一概念在中国落地之后，注定了建设卫星城的目的就是为中心城区的发展而服务。

这也让安亭在1958年1月进入了上海的视野。尽管这里偏离上海市中心，直到今天也没有像徐汇、静安那样被全国人民所熟知，但是它位于苏沪交界地带，有着航运优势，再加上1905年开建并于1908年4月全线通车的沪宁铁路经由安亭，反而让安亭"因祸得福"。上海市城市规划勘测设计院在勘测之后，提出把安亭沪宁线以南、苏州河以北部分地区建设成为以机电工业为主的工业区。

同年3月，在上海的第一轮向外扩张中，嘉定县与上海县(1992年，上海县与老闵行区合并，成立新的闵行区，上海县退出了历史舞台)、宝山县等数地被划入上海市，安亭自此成为上海的"小单元"，它的"卫星城"地位也变得顺理成章。

在 1959 年 11 月编制完成的《安亭初步规划》中，除了规划用地 15 平方公里，其中工业用地 4 平方公里，人口 10 万～15 万，还初步计划在安亭建设管道闸阀厂、第三建筑工程公司、大安机器厂、安泰铁工厂、标准件一厂、装卸机具修建厂、铁道部基地材料厂等 7 家企业。

除了安亭，在 20 世纪五六十年代的上海卫星城建设中，政府还主要规划和建设了闵行、嘉定、松江、吴泾等 4 座卫星城，其中闵行也以机电工业为主，嘉定以科研单位为主，松江是以轻工业为主的综合性工业卫星城，吴泾则以煤炭综合利用企业为主。到 1972 年，因建设上海石油化工总厂的需要，又规划了金山卫；1978 年为建大型钢铁基地，又规划了吴淞。从中也可以看出，上海卫星城的一个显著特征就是功能分工各有特色，避免了无序发展。[①]

不过在大的有序中，也埋下了一个隐患——那就是安亭和闵行同时定位以机电工业为主。相比更受重视的闵行，安亭若想立足，必须在机电工业的发展上有自己的想法，或者在细分领域找到一种突破的路径。幸运的是，大安、安泰等企业的入驻，在一定程度上推动了钢铁产业在安亭形成"组合"。正如一汽选址长春，有一部分原因在于长春靠近鞍钢，汽车制造对钢铁的需求，同样

---

① 《上海卫星城：阶段、类型与特征》，赵凤欣、李如璣，《上海党史与党建》，2015 年 12 期。

也促使上海汽车制造厂最终在 1960 年从茂名南路迁入安亭。安亭自此迎来"有生以来"最大的机遇。

一方面，由于发展空间得到了保证，上海汽车制造厂肯定不会像在茂名南路时那样局促，可以大展拳脚；另一方面，上海汽车制造厂迁入安亭之后，与迁入安亭的铁厂、机械厂等能够形成更加紧密的合作关系。同时，它还带入了华兴翻砂厂、海龙淬火厂等配套企业，甚至上海内燃机配件厂发动机部分车间也在日后迁至安亭，与上海汽车制造厂合并。这既壮大了企业规模，也让它们通过抱团得到了更大的发展。

尽管由于各种原因，上海汽车制造厂的研制工作一度停滞，但重新恢复元气的它，还是在"凤凰"正式改名为"上海"之后，不断提高质量，并在生产中对技术和车身不断进行调整，进而奠定了轿车领域"南上海，北红旗"的局面。

1972 年尼克松访华，当时的车队动用了 100 辆上海牌轿车和 20 辆红旗轿车，尼克松乘坐的是红旗，而其他成员乘坐的则是上海牌。普通民众也对上海牌轿车表达了向往之情，连临产的孕妇都渴望坐上一辆上海牌轿车去医院。

正是因为上海汽车制造厂生产轿车的水平不断提高，发展轿车又是国家锐意突破的方向，上海市对上海汽车制造厂的生产也不断提出新的要求，并给予新的支持。上海汽车制造厂于 1965 年决定投资 70 万元，计划到 1967 年达到年产量 400 辆的生产规模，上海第一机电工业局批准了这项投资任务。

这在悄然之间改变了安亭当年作为"卫星城"的定位。"到了 20 世纪 70 年代，上海市规划建筑设计院在对安亭今后的规划中，就明显突出了安亭的卫星城发展要'以汽车制造、机械工业为主'。"曾在当地一纸风行的《东方早报》的一篇报道这样说："由机电工业为主的卫星城到以汽车制造、机械工业为主，不仅仅在于表述上的变化，更在于对安亭卫星城发展规划的变化，就是要把汽车制造纳入安亭发展的主要方向。1982 年，上海市规划院再次编制《安亭总体规划》和《安亭总体规划图（1982）》，规划再次突出了以汽车工业为主的卫星城性质，把汽车工业作为安亭发展的主体产业。"[①]

不得不说，汽车是安亭"最美好的相遇"。没有这次相遇，它的命运有可能像大多数卫星城那样，在时代的发展和城市不断变化的诉求中被边缘化甚至走向荒废。事实也很清晰，如果安亭依旧走机电老路，它很难在拥有"四大金刚"——上海电机厂、上海汽轮机厂、上海锅炉厂、上海重型机器厂的闵行面前有多少竞争力。汽车产业的进入，让它找到了一条可持续的发展之路。

但让安亭更加焕发青春，在日后脱颖而出的，还是上汽与大众的握手。

---

① 《安亭卫星城的定位与上海汽车工业的发展》，赵凤欣、李如璐，《东方早报》，2015 年 9 月 8 日，第 B13 版。

上汽握手大众

1978 年 11 月，国家计委副主任顾明就上海轿车项目能否中外合资经营一事请示邓小平，改革开放的总设计师邓小平答复道：可以，不但轿车可以，重型汽车也可以。[1]同时还阐述了中外合资经营的好处。这在改变了中国汽车工业的发展格局和态势的同时，也一下子给上海方面吃了一颗定心丸。

1978 年，上海方面给第一机械工业部发来报告，提出要引进一条轿车装配线，以改造上海汽车制造厂，使其拥有年产 15 万辆的能力，大部分出口赚外汇。很显然，多年的摸索让上海对发展轿车的必要性信之不疑，但仅靠自己的能力又有些欠缺，所以，很早就与西方接触的上海想到了这种方式。[2]

报告虽然很快获得第一机械工业部和国务院的批准，但也面临一些问题。首先是世界上那些著名的汽车厂商对中国大陆汽车市场普遍持谨慎态度，市场的增长前景被评估为"很差"。法国企业觉得返销和外汇平衡有问题，丰田正在热火朝天地与台湾地区的企业洽谈合资，日产只肯提供下马过时的旧车型，只有来自德国沃尔夫斯堡的大众，属于极少数对上海项目感兴趣的生产商

---

① 《中国共产党的九十年：改革开放和社会主义现代化建设新时期》，中共中央党史研究室，北京：中共党史出版社，党建读物出版社，2016 年 6 月版：700。

② 《门外车谭：邓小平拍板"轿车合资"》，李安定，新浪汽车，http://auto.sina.com.cn/news/2008-01-16/0733342208.shtml，2018 年 2 月 27 日。

之一。

那时的大众，实力尚属全球二流，但是正如沃尔夫斯堡又称狼堡（因其名 Wolfsburg 中的 wolf 是狼的意思），它也一直有着狼一样的野心，正努力通过国际化战略来让自己变得更强壮伟大。

而且，它也需要有中国这样一个远东桥头堡来与自己的竞争对手日韩车企相抗衡。因此，当中国抛来绣球时，大众便适时地接了过来。

然而，20 世纪 80 年代初突然爆发的全球第二次石油危机，破坏了上海和大众草拟的所有计划。更重要的是，在与外方的不断谈判中，中国人终于领悟到，当初上海引进技术自己干并出口赚外汇的设想完全不现实。要想真正干成，就必须"搞合资"。但是，这在汽车领域没有先例，况且当时国家计委仍把轿车视为"非生产力"而有所抵触，所以一度与中国汽车工业总公司有很大分歧。幸运的是，邓小平一锤定音。

与此同时，刚刚上任大众公司董事长的卡尔·哈恩（Carl Hahn）及时地捕捉到了中国汽车业的变化。尽管当时大众内部并不看好与上海的合作，但是他决定亲自负责此事。

在跟同事的沟通中，他谈到了自己对中国的看法：这个国家虽然刚刚经历阴影，但在邓小平的带领下，正经历着面向市场经济的改革，各方面的快速发展将是不可抑制的。这个民族有五千年的文明史，在 18 世纪前是世界上领先的国家。今天，他们已经在制造太空火箭了。[①]

　　上海与大众之间的感情很快又升温了。为了表示诚意，大众把尚在研制过程中、还未上市发售的桑塔纳引入中国。对此拍板的，正是牵头"联姻"的中方负责人之一——饶斌。他在相继成功创建一汽、二汽之后进京任职，先任第一机械工业部副部长兼汽车总局局长，并于1981年3月起担任部长。次年，第一机械工业部改名为机械工业部。在汽车工业公司成立后，他又成为第一任董事长。饶斌之所以看中桑塔纳，是因为他认为其结构简单，是一款相对容易制造的车型。但即使如此，制造过程对于刚起步的上汽大众来说，还是难如登天。上汽大众德方首任总经理马丁·波斯特（Martin Posth）曾在他的回忆录《上海1000天：德国大众结缘中国传奇》中描述自己"目不转睛地盯着眼前这些落伍的厂房，脑子一片空白。难道这些遍地尘土的简棚陋屋，就是一家汽车制造厂？不可想象，大众竟然要和中国人在如此环境中一起制造汽车"。

　　由于并不具备相应的技术能力，第一批国产桑塔纳采用进口零配件直接组装的生产方式。来自西方的先进的拼装技术，让习惯了"锉刀锉，榔头敲"的中方技工自叹不如。但不管怎样，所有一切都在向好的方向进行。

　　1983年，第一辆国内组装的桑塔纳轿车在安亭下线。从此，

---

① 《门外车谭：邓小平拍板"轿车合资"》，李安定，新浪汽车，http://auto.sina.com.cn/news/2008-01-16/0733342208.shtml，2018年2月27日。

1983 年 4 月，第一辆在中国装配的桑塔纳成功出厂
（来源：上汽大众）

"拥有桑塔纳，走遍天下都不怕"的广告语家喻户晓。1984 年，上海大众汽车有限公司 ① 在安亭奠基成立。上汽集团此后则将总部设在了市区的威海路。1985 年，桑塔纳在国内的第一条生产流水线正式投产，中国汽车规模化生产从安亭开始。

安亭，这个从历史中走来的小镇，因此又一次走进了历史。这次的它，肩负着中国汽车工业所给予的不可抹灭的荣耀，站在历史的舞台上，容光焕发，神采飞扬。

与此同时，勇于"第一个吃螃蟹"，并在艰难的关头选择与中国人民站在一起，这让大众早早地拥抱了中国急剧变化的汽车

① 上海大众汽车有限公司于 2015 年更名为上汽大众汽车有限公司。

市场，也让它在国人心目中的意义变得不同寻常。另外，它对产品质量的把控一直严格要求，尽量向德国大众靠拢。有个早期流传的故事：上汽当时要修改一枚螺丝，都需要得到德国大众的批准，把控不可谓不严。这虽然造成大众产品的成本居高不下，但其质量也很受人们认可。再加上中国汽车市场一如哈恩当年所设想的那样急速扩大，尤其是有中国特色的公车采购。

所有的一切，奠定了大众在中国坚不可摧的地位。桑塔纳当时售价将近 17 万元，加上税费，总价超过 22 万元，而同期中国普通人群月收入仅为几十元至一两百元。但桑塔纳只用了两年，在中国的累计销量就达到 1 万辆。20 世纪八九十年代"万元户"的标配就是：手拿大哥大，腰别 BP 机，出门桑塔纳。可以说，仅靠桑塔纳这一个品牌，上汽大众就实现了第一个 100 万辆的突破。

1991 年，为了集中力量发展桑塔纳轿车，上海牌轿车停产。大众也投桃报李，以更热情的姿态投入中国市场。2000 年，帕萨特 B5 正式投放；大众第四代 Polo 也在 2002 年顺利引进中国生产；加上桑塔纳（普桑）及桑塔纳 2000，上汽大众很快就突破了第二个 100 万辆。前一次突破用了 13 年，而这一次，只用了 4 年。

此后，大众再次扩充自己在中国的产品谱系，朗逸系列车型、途观、辉昂，以及斯柯达明锐、速派、柯迪亚克等相继投入生产。

伴随着大众品牌的全线铺开，安亭相继迎来了三座高标准的现代工厂。除了历史最为悠久的上汽大众汽车一厂，还有于 1995

年建成的上汽大众汽车二厂，以及于 2000 年建成的上汽大众汽车三厂。它们携手，让安亭成了这个国家最繁忙的小镇。

在《安亭方泰合志》中我们可以看到，由于上汽大众的带动，"2000 年，全镇拥有镇办企业 36 家，村办企业 57 家，从业人员 10348 人；镇村两级工业总产值 42.58 亿元，工业利润 4.48 亿元，分别是 1988 年的 22.9 倍和 14.3 倍"①。

今天看来，这远不是安亭所能达到的顶峰，它的未来正在来的路上。为抓住中国加入世贸组织的机遇，应对相应的挑战，适应中国汽车产业发展需要，充分发挥自身综合优势，上海市政府把在安亭建设一座集汽车研发、制造、贸易、物流、服务、博览等功能于一体的国际汽车城的设想提上了日程。

2000 年 6 月，上海市政府领导人在嘉定调研时指出：发展汽车工业，不仅要建设汽车生产城，更要建设汽车销售城；汽车城的发展不能仅仅依靠大众一个品牌，要打"中华"牌、"万国"牌，突出综合性和国际性；汽车城的地域范围不能局限于安亭，要突破现有行政区划界限，建设具有辐射功能的汽车城。上海市政府希望通过安亭国际汽车城的建设，推动上海汽车制造业和汽车服务贸易的发展，以此形成上海西部的综合性汽车产业基地，与东部的微电子产业基地、南部的石油化工基地及北部的精品钢铁基地，一起增强城市综合竞争力，共同支撑起上海现代化大都市的

---

① 《安亭方泰合志（1988—2003）》，《安亭方泰合志》编纂委员会，上海：学林出版社，2006 年。

经济格局。

2001 年 9 月，上海市政府正式批准上海国际汽车城总体规划。9 月 28 日，上海国际汽车城全面开工建设。5 年后基本建成。

这前后最具有标志性的事件，一是 2004 年 6 月 6 日，世界一级方程式锦标赛（F1）在上海国际赛车场开跑。这也是 F1 首次在中国开跑。作为上海国际汽车城打造汽车文化的重要组成部分，"上"赛道自此没有停止过赛车的轰鸣。

二是在 2007 年，上汽乘用车公司成立。作为上汽的全资子公司，该公司承担着上汽自主品牌汽车的研发、制造与销售。随着上汽在 2005 年通过收购罗孚创立"荣威"这一品牌，以及在 2007 年并购南汽，获得南汽当年从罗孚得到的名爵，加上后来兼具商用和乘用的上汽大通，上汽在与大众合资之外，通过并购实现了自主品牌的崛起。今天的上汽乘用车公司，拥有在上海、南京和英国的三个研发基地，以及上海临港、南京浦口、河南郑州、福建宁德和泰国正大五个制造基地。其中，上汽乘用车技术中心总部同样位于安亭。为了增强自主品牌研发实力，上汽不惜重金。据上汽公布的数据，2014 年前后，仅乘用车公司在安亭的投入，包括设备和研发试验室，就达 40 亿元人民币；如果加上车型平台和新车的投入，上汽在"十二五"末研发总投入累计高达 450 亿元人民币。

安亭在上海汽车产业中的地位也因此水涨船高，但烦恼却如影随形。

产城融合

在中国很多城市，你会发现这样的现状：每天早上，人们像蜂群那样，"嗡"地向一个地方集中飞去，到了晚上则又"嗡"地朝四周散开。

这种奇怪的状况天天在中国的都市中上演，参与其中的每个人无可奈何却又只能随波逐流。与这种现象相伴而生的，是城市"空心化"、职住不平衡，以及潮汐车流等一系列问题。

今天，很多专家已经在反思现代城市急速发展之后的弊端，其中一条就在于"只注意通过营造和完善市场来吸纳经济要素，促进经济要素聚合与辐射，从而推动城市自身发展，不重视城市与人的亲和"①。

在上海早期的卫星城建设中，虽然也会有一定的生活配套设施建设，但总体上，重工业轻生活的现象仍然不同程度地存在。如上海重型机器厂的一些老领导回忆，刚刚在闵行设厂时，职工一个星期回上海市区一次，开始的时候是坐船，进厂的铁路修好之后是乘火车（拉货的铁皮车厢），这些车厢是拉过马、拉过牛的，有时还残存着动物的粪便。这种情况就影响了卫星城对民众的吸引力，民众不愿意去卫星城工作、生活。

安亭也同样如此。1988—2000年，安亭的各级公路还在兴建当中，曹安公路安亭段在1999年才基本成为城市化道路。2000年，

① 《城市应深植人性化之根》，肖来青，《魅力中国》，2006年03期。

随着历时 8 个月的长江引水工程竣工，全镇居民才喝上"放心水"。

尽管这些卫星城还不得"人心"，但上海市政府为了实现在 2020 年将人口控制在 2500 万的目标，依旧决定把人往外围扩散。2001 年 1 月 5 日，上海市政府印发了《关于上海市促进城镇发展的试点意见》，明确上海"十五"期间重点发展"一城九镇"，即重点建设松江新城，以及浦江、朱家角等 9 个中心镇，安亭也被包括其中。

也就在安亭开始推进国际汽车城的大规模建设的过程中，作为汽车城的配套生活区，被定位为"工作在汽车城，生活在汽车城"的重要载体的安亭新镇，也被一并提上建设日程。它的规划最终采用的是蜚声国际的设计机构德国 AS&P 的方案，该公司除了应邀参加过北京城中轴线概念性规划和上海 2010 年世博会规划，同时也是上海国际汽车城规划的胜出者。AS&P 规划方案中的曲线形道路、向心广场及边界完整的围合水系等，很快就被认同为是具有德国特征的城市肌理，这一方案在安亭新镇的网页上也被冠以"新城市主义在中国的诠释者和实践者"的美名。[①]

但是，直接移植西方国家的"风貌"，往往会导致南橘北枳的困境——新镇被定位为德国小镇，但是德国气候干燥，有喜爱阳光的文化，房屋朝向多为东西向。安亭新镇在这一点的建设上没有按照上海市关于房屋朝向比例的规定去做，最终导致德国风貌在这里"水土不服"。这也让商业配套和入住率陷入了"先有

---

① 《中国制造的德式小镇——安亭新镇》，卢山，《新建筑》，2005 年 04 期。

鸡还是先有蛋"的怪圈：入住率不高就没有商业，没有商业就没有人入住。当时安亭有许多人去德国招商，但德国人认为：没有人，商业怎么生存？

多年后有媒体回顾上海市政府当年的决策时，既感慨"我们不得不钦佩上海市政府强大的执行能力，在全市人口高速增长了近30%的巨大压力下（从2000年的1800万增长到2010年的2300万），城市近郊区及新城人口大部分都有飞速增长的情况下，市中心（除了浦东以外的内环线内）的人口数量竟然硬是被降了下来。我们不能不说这是可以载入史册的人口疏解的大胜利"，又遗憾——在测算了交通刷卡的数据之后大家就发现，"无论是市区的站点，还是郊区的站点，其相互关联度最强的指向只有一个，那就是市中心；也就是说，无论人们在哪个站点挤上了地铁，他们大部分的出行目的地只有一个，那就是市中心"。

此时的安亭，就像是一个脱离上海母体的"产业飞地"。随着汽车产业的逐渐走强，尤其是产业发展远超城市发展，安亭逐渐陷入了"产城融合"的焦虑之中。产业发展得越有成就，它越焦虑。

要知道，在它成为中国首个整车年产量突破100万辆的生产基地并日益强势的背后，是越来越多的技术人才的聚集。到2017年，在这个汽车设计研发高地和行业人才高地，有38500名本硕博在学人才，15000名工程师；在另外一个统计口径中，安亭上海国际汽车城的32万人中有20万汽车从业人员，包括7000名外籍人士。

国内国际高端人才的汇聚让这里始终涌动着新活力，同时也给安亭提出了新的要求，那就是如何让他们在这里"乐业"还能"安居"？后者如果做不好，带来的最直接的结果就是"乐业"也很难实现。而且安亭高端人才聚拢的特殊性，使得其城市化不是简单的乡镇城市化，而是对标市区一流配套服务的城市化，要品质而非规模。也就是说，不仅要有好的城市建筑，更要注入特色化的人文服务。

幸运的是，在2003年的上海市城市规划工作会议上，上海当地又决定集中力量建设"基础设施完善、环境优美、有产业依托、有一定人口规模的新城"。有着汽车产业基础，加上科研实力还比较突出，嘉定因此被选中，确定为郊区三大重点发展新城之一。经过各方研讨与努力，2006年9月，《上海市嘉定新城主城区总体规划（2006—2020）》获批。这座一开始就打算围绕F1建设核心区的新城，目标是建成以现代服务业、世界级体育休闲产业和高科技产业为核心的现代化城市，成为上海都市圈西北翼的区域性核心城市。其规划占地面积220平方公里，除了主城区之外，还有两个组团，一个是安亭，一个是南翔。

数年如一日的打造，推动上海的西北崛起了一个城市高地。这极大地帮助安亭缓解了"产城融合"的焦虑——因为通过嘉定新城，安亭可以与东南方向的中心城区形成同城效应，不再是被搁置在外的"孤儿"了。在安亭工作的人，即使不愿意待在安亭，

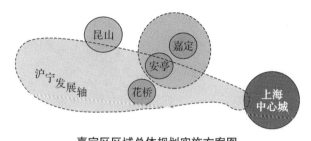

嘉定区区域总体规划实施方案图
（来源：《嘉定区区域总体规划实施方案（2006—2020）》）

也可以就近选择嘉定新城。这极大地降低了安亭产业发展的成本。

这个嘉定新城，还寄托着上海的又一颗雄心——在上海市规划局编制下发的《嘉定区区域总体规划实施方案（2006—2020）》中可以看到，除了要成为对接上海市中心的综合性功能城区，嘉定新城的建设目标还有"协同嘉昆太区域"。

这无疑是长三角一体化的节点事件。它让上海看到，自己又有了向西"挺进"，与早先就难解难分的昆山、太仓等江苏重要区域重新组合联动的机会。

上汽大众率先而为，而且跨的步子还相当大。2008年4月，上汽大众南京分公司建成投产，这是继安亭的三座工厂之后，上汽大众首次在上海以外的地区开展产能布局。它主要负责生产大众新帕萨特和朗逸。2011年9月9日，随着一辆钛金色全新帕萨特下线，上汽大众正式迎来了自己的第700万辆轿车。

在南京基地之后，上汽大众还布局仪征，主要生产不算火爆的大众新桑塔纳及斯柯达昕锐、昕动；布局宁波，主要生产正在努力摆脱销量困境的斯柯达新速派和新明锐；在长三角忙活完一圈之后，它又调头北上，布局乌鲁木齐，主要生产新桑塔纳；另外，它还布局长沙，主要生产最为火爆的朗逸。

在产业的拓展之外，交通也开始有所"突破"。2007 年 3 月开工建设的 11 号地铁线，呈"东南—西北"走向，它先是在 2009 年 12 月最后一天开通运营了嘉定北站到江苏路站的路段，次年，11 号线支线（嘉定新城站—安亭站）也开通运营。这也意味着安亭开始在轨道交通上与中心城区对接。但更重要的时刻是 2013 年 10 月 16 日。这一天，11 号线花桥段（兆丰路站、光明路站、花桥站）开通运营。这也意味着一直在上海体内打转转的 11 号线终于越过了边界，伸入昆山体内 6 公里。它的尽头花桥站正位于昆山的花桥镇。一方面，它让辽阔的大江苏终于有了一个小角落与"魔都"实现 1 小时地铁通勤；另一方面，它又见证了上海的扩张野心。

今天的花桥，是环沪城市中唯一一个高铁和地铁都开通的城市。高铁到上海最快 17 分钟，地铁 11 号线 1 小时内可抵达徐家汇。交通的便利及上海人口外溢的"福利"，让花桥之于上海，犹如燕郊之于北京。很多在上海工作的人将其当成环沪置业首选之一，让当地房价一飞冲天的同时，也使其变成了一个巨大的"睡城"。

对安亭而言，这是一个巨大的利好。在历史上，花桥和安亭两者原为一体，即使后来经历了区域调整，也依旧交织在一起，你中有我，我中有你，这也让它们到今天依旧感情深厚。很多花桥人常跑到安亭看电影，而一些安亭学子也喜欢借读在知名的花桥中学。在产业上，花桥曾在改革开放初期承接上海的一些劳动密集型产业，并在紧邻安亭的曹安公路处划出曹安开发区，引入新浦衬衫厂、五洲服装厂，由此发展起了纺织工业。日后，花桥成立了第一家汽修厂——新东汽车修理厂，主要从安亭收购旧车，改造后再出售。再后来，它又与上海合作办齿轮厂。可以说，花桥乡镇企业的发展离不开上海的帮助，而花桥又帮助上海更快地完成了产业结构的转型。

现在可以这样说，嘉定新城的建成，让安亭拥有了一只丰满的右翼，上海一路向西，又让它收获了左翼。以前，安亭是"产业飞地"，现在随着长三角一体化进程的推进，它虽不是上海的中心，却逐渐有了长三角汽车产业中心的意思。

在"左右逢源"的同时，安亭也加快修炼"内功"。2015 年，它与中国最为知名的房地产商万科结缘，通过完善公共空间、引入核心区商业和配套产业、打造运动开放社区，进一步推动自身的产城融合。这一年，也是很多知名房企不约而同走上城市运营商之路的开局之年。据克而瑞 2018 年排行榜，其中的 TOP 20 房企超过 50% 已推出产城融合战略或项目。[1]除了万科，国内主流的房企开发商，如碧桂园、华夏幸福、招商蛇口、华润置地等，均已大举向产城融合发力。

---

① 《产城融合：龙头房企竞争突围新路径？》，甄森，《新财富》，2019年 7 月号。

一方面，中国经济结构转型决定着房地产资本需要寻找新的增长空间；另一方面，改革开放 40 年来的高速发展，让中国很多大城市的土地资源日渐稀缺，房企拿地成本日渐高企。在"高房价、高地价"的产业盛宴背后，开发商们的内心焦虑日渐显现。本质上说，产城融合兴起背后的逻辑，是房地产市场土地和项目资源获取变得越来越困难，当传统地产开发运营模式触碰到"天花板"之际，房企开发商纷纷加速探索"城市运营商"或"城市配套服务商"的新角色，产城融合顺理成章地成为众多龙头房企转型的切入点。

正是在安亭新镇，万科将它特有的包含住宅、社区商业、办公、长租公寓、教育、医养、家装等多种复合业态在内的"热带雨林"业务体系，逐渐注入这一区域。在这片"雨林"里，多品类的住宅产品可以满足不同客户群的置业需求。

这不禁让人感叹，当这里的每个人可以因产业而聚，因良好的生存环境而居，因通畅完整的生活配套而留，一个完整的社会生态循环就形成了。而且这个循环既能激发产业人群的回流和到来，也能黏连安居乐业的人们，使其相互作用、共生共长。

正是由于"产业＋城＋人＋文"这四个维度得到比较完美的融合，安亭也在继金山区枫泾镇、松江区车墩镇、青浦区朱家角镇后，于 2017 年 7 月 27 日入围中国住建部网站公示的第二批全国特色小镇名单。这也是上海首次有工业主题的小镇入围。

这对当下风起云涌的各类汽车小镇——如宁海智能汽车小

镇、盐城智尚汽车小镇、莱西市姜山镇新能源汽车小镇及顺德新能源汽车小镇，无疑具有启示作用。它们的出现，对这个国家来说，是经济新常态发展下供给侧结构性改革的一次重要试点；而对每个城市来说，则是利用时代的变局及国家的支持来拼抢产业，通过汽车小镇的建设，尽快让产业落袋为安；或者分上一杯羹，进而改变自己的"城生"。但是相较于安亭，它们并没有经过时间的累积和检验，大多是在智能、新能源的旗号之下，利用资本、科技、互联网等手段快速催化出来的。这也让它们更带有"人造"的色彩。

我们对此不持赞否之论，但是需要它们切记的是，安亭之所以能成为经典，正是在于它在产业之外，确定了生产、生活与生态之间的和谐关联。

同时也需要它们谨记的是，尽管和谐关联很重要，但产城融合的核心是产业而非地产。进一步夯实自己的产业，才是发展的根本。

皮之不存，毛将焉附。一旦产业出问题，所有的努力都会付之东流。

产业重塑定位

就在安亭推动产城融合的2015年，沃尔夫斯堡却"冷风劲吹"。这一年，由于美国环境保护署的指控，很多人知道了自己所热爱的国民车竟然欺骗了所有消费者。

它利用安装作弊软件，使得柴油车在尾气检测中达标。但是在正常行驶中，这些汽车却排放大量污染物，其中最为严重的超过美国法定标准40倍。

"排放门"事件让大众陷入了尴尬的处境。根据汽车之家的报道，在短短的一个月内，大众集团就面临高层人事变动、市值蒸发、巨额罚款、数以百万计的车辆待召回、品牌信誉缺失和德国制造口碑受损等诸多问题。即使这些车被允许修好，也未必能再卖出去。因为随着能源及环境问题的加剧，传统的燃油车渐渐不得人心，尤其是国内的各个地方都纷纷出台各类"禁柴令"。

这一团乱局也让沃尔夫斯堡深受其害。伴随着"排放门"事件的发酵，沃尔夫斯堡当地的财政收入受到了极大的冲击，2015年沃尔夫斯堡市政当局的净商业税收入暴跌80%。[①]但好在大众并不是一个刚起步的"菜鸟"，多年的技术及品牌积累，让它不至于"一失足成千古恨"，沃尔夫斯堡也不至于陷入万劫不复的境地。

尽管如此，安亭却逃脱不了成为"池鱼"的命运，因为持续发酵的丑闻也冲击到了大众在中国的两个合资企业——一汽－大众和上汽大众。毕竟，德国制造因此受到质疑，人们很难不怀疑它们的产品质量。但稍显幸运的是，鉴于此次"排放门"涉及的

---

① 《沃尔夫斯堡：中国汽车小镇学它什么？》，许腾飞，《中国企业报》，2017年3月28日，第15版。

是柴油车车型，而国人对柴油车本身也"不上心"，所以事件本身在国内没造成多大的影响。而且上汽大众和一汽－大众反应神速，很快就在 9 月 24 日发表郑重声明，表示"排放门"事件不涉及自家生产和销售的所有产品。上汽大众更是指出："上汽大众汽车有限公司将始终秉承'质量是上汽大众的生命'这一理念，一如既往地为消费者提供可靠的产品和优质的服务，以诚信负责的态度回馈消费者的信任和支持。"

塞翁失马，焉知非福。为了消弭"排放门"事件带来的负面影响，重新赢回民众信任，大众开始致力于把"以电动汽车为核心的新能源技术和面向未来的数字化技术解决方案"作为自己未来 10 年发展的两大核心方向。

此前多年，大众在风起云涌的新能源造车面前保持了相对低调的态度，除了进口的 e-Golf 款车型之外，合资品牌中居然很长时间没有一款新能源车型。相比日系的混动车型和自主品牌的纯电动车型，大众虽然与江淮汽车在新能源造车上有所合作，但是在竞争对手不断秀品牌实力的时候，大众似乎有点太"大众"了。

为了改变这一局面，大众曾于 2015 年 6 月 3 日在德国柏林与上汽签署了《关于上海大众汽车安亭基地升级改造及纯电动技术合作的协议》。协议内容除了投放 65 亿元用于上海大众汽车安亭生产基地的升级改造之外，双方还将投资 12 亿元开发一款面向中国市场的纯电动车型，该车型将基于畅销车型朗逸进行开发，计划于 4 年内在安亭基地投产。在某种意义上，将 2008 年进入中国以来累积销量突破 400 万辆的朗逸与大众的新能源技术结合，可以看出大众的诚意。伴随"排放门"事件的爆发，这种诚意变得更"时不我待"了。

2018 年 10 月，一座巨大的新能源工厂在安亭拔地而起。这是大众集团全球首个专为 MEB（模块化电动工具）纯电动车型生产而全新设计建造的汽车工厂。项目占地面积 40.56 万平方米，总投入为 170 亿元，计划于 2020 年建成投产。新工厂将结合工业4.0 的理念，采用最新的生产和自动化技术，大幅提升生产效率。在自动化方面，新工厂将采用超过 1400 台工业机器人，其中车身车间拥有约 1000 台机器人。这家工厂的开工仪式，恰恰就在特斯拉（上海）有限公司以 9.73 亿元拿下上海临港装备产业区 Q01-05地块 864885 平方米（合计 1297.32 亩）工业用地，并与上海市规划和国土资源管理局正式签订土地出让合同的两天之后举行。这让工厂的成立变得意味深长，也让安亭在未来的产业竞争中，在面对临港这些"新贵之地"时依旧底气十足。

值得注意的是，在这个工厂的开工信息中，细心的人还会发现另一个汽车品牌的身影，那就是奥迪。随着奥迪在 2017 年获取上汽大众 1% 的股份，两者开始正式合作。这无疑会提高奥迪品牌在中国的市场参与度。在外界看来，这对大众而言是好事。在经历了内部高管之间的"宫斗"和震惊全球的"排放门"事件之后，大众汽车在其最大的单一市场和最大的利润来源——中国，不但不能有半点差池，甚至只能孤注一掷：增长！增长！再增长！

表现在合资企业层面，就是不断地让产能扩充、扩充再扩充。

也正是在这一年，安亭汽车二厂完成了上汽大众历史上规模最大的一次升级改造。新工厂运用了多种大众汽车集团在全球首次使用的新技术和新设备。

但对安亭来说，以上并非安亭在这一年"唯二"的大手笔。此前的6月，16个产业项目在安亭·环同济创智城签约落地，涉及新能源汽车创新设计、新能源动力总成系统集成、电池研发生产、氢燃料电池研发及加氢站研发运营等，项目投资总额约40亿元。

如果说这些项目让安亭受益匪浅，那么决定它的未来的，则是"智能网联汽车产业技术联合创新中心"。该中心的筹建源自2015年上海国际汽车城被工信部批准，承担中国第一个智能网联汽车试点示范区建设。首批发起建立这家中心的60家成员单位，囊括了科研机构、零部件企业、IT（信息技术）及软件行业企业、通信运营商和交通示范企业。通过强强联手，力争到2020年，将示范区及上海网联汽车创新中心打造成为具有全球影响力的国家级智能网联汽车创新中心，在研发设计、测试认证、V2X①通信、车路联网等领域承担不少于5项国家重大专项，形成10项以上行业标准，形成千辆级、覆盖100平方千米的示范应用规模，在保持国内智能网联汽车产业发展引领地位的同时，帮助上海完成智能汽车和无人驾驶发展的"四部曲"：从封闭测试到开放道路测试，

①　即vehicle to everything，车对外界的信息交换。

经过典型城市综合示范区试验，最后在 2020 年建成示范城市及交通走廊。

同样是在 2018 年，上海打响了无人驾驶的"第一枪"——腾出道路进行全面测试。这一年的 3 月 1 日，全国首批智能网联汽车开放道路测试号牌在上海正式发放，即上海将开放真实道路，全面测试运行智能互联网汽车、无人驾驶汽车。这也意味着中国正式开放"无人驾驶"汽车上路测试，让车企不再虚拟模拟，而是真枪实弹开干。获得牌照的除了注重研发的上汽集团，还有把总部设在安亭的蔚来汽车。

安亭作为首个智能网联汽车示范区，也是第一阶段开放测试道路的区域。当你在安亭看到一辆驾驶座上空无一人的汽车从身边疾驶而过的时候，千万别惊讶。

今天，从承载了上海汽车产业历史的安亭身上，我们还可以看出，进入 21 世纪后，上海汽车工业在着力打造自主品牌的同时，正加快创新转型，推进新能源汽车和智能网联汽车高端制造产业集群的构建。这也进一步凸显出当年从消费型城市转向生产型城市的上海，如今正锐意通过智能及研发这两个关键手段，把制造业留住的决心。

"来嘉定是我们主动为之，我们不会因为某个地方政府的利好政策就选择落户在此。"李斌坦承。上海市政府官网转载的一篇《嘉定造车新势力：不做时代的裸泳者》文章曾提到，当初在设想公司时，还在北京的李斌就和另一位联合创始人秦力洪一致决定，要打造高端品牌，上海的可能性会大一点。而纵观全上海，汽车产业链最健全、人才基础最好的地方，嘉定当仁不让。

2014年年底，在各项准备还没到位的情况下，秦力洪就只身来到安亭，在安亭地铁站附近的写字楼里租借了一间临时办公室。直到2015年10月，蔚来正式入驻汽车创新港。很快，蔚来便急速扩充。到2018年下半年，蔚来在创新港共有3000多名员工，占总员工数的一半。

为此，蔚来在安亭设有两个实验中心，其中一个是全球试制试验枢纽中心。同时，它还在2018年下半年在嘉定区增资166.6亿元，主要加大在电动化、智能化、网联化、轻量化领域的研发投入，力争为上海技术集聚及经济发展、引领整个汽车产业转型升级做出贡献。

安亭也因此受益匪浅。所有的一切，都将助它在面对时代的变局时见招拆招，并一击中的。同时，它在上海汽车工业中的"支柱地位"日益不可动摇。根据当地给出的资料，2017年安亭规模以上工业总产值为3541亿元，占全上海的10.4%，其中有高新技术企业152家，研发企业45家。换另一种统计方式，那就是在产值方面，嘉定约占上海汽车工业的60%，安亭又占了嘉定汽车工业的60%左右。

这让安亭已然不是当年的卫星城，或者说"产业飞地"。上海连同江苏、浙江两省拟定的《上海大都市圈空间协同规划》在2018年11月出台，方案将初步覆盖上海与苏州、无锡、南通、嘉兴、宁波、舟山、湖州等"1+7"市，安亭更像居中而坐。

如果说上海要向世界级汽车产业中心迈进的话，嘉定是世界级汽车产业中心的承载区，安亭就是它的核心。

但是，安亭并没有因此故步自封，而是也在迈步从头越。在入围特色小镇之后，它进一步围绕汽车城核心区和安亭新镇规划未来小镇的建设。

在这个总面积约12平方公里，核心范围5平方公里的土地上，安亭将重点聚焦"两基地、四中心、两配套"，最终将自身打造成汽车全产业链互动合理，产业创新引领优势突出，文化底蕴魅力彰显，城市环境宜业宜居，具有国际影响力，以"汽车未来"为特色的产业重镇、人文古镇和宜居新镇。所谓的"两基地"是汽车研发总部基地和汽车双创孵化基地；"四中心"为汽车大数据创新中心、智能汽车体验中心、国际汽车会议中心和汽车管理培训中心；"两配套"则是微型CBD集聚区和高品质国际化社区。

在汽车产业上的持续进化，以及面对新形势的华丽转身，使积极进取的安亭逐渐成为产业的中心、产城融合的特色小镇、未来的智创高地，也自然而然成了世人眼里汽车产业创新的代名词。

2017年，在中国汽车工业协会、中国汽车工程学会、中国汽车人才研究会及中国汽车技术研究中心、中国汽车工程研究院、清华大学汽车产业与技术战略研究院等机构的大力支持下，由汽车评价研究院组织实施的"安亭指数"项目首次推出。如果说道琼斯指数是世界上最有影响力、使用最广的股价指数，那么，安亭指数则代表着中国汽车企业的创新水平。据悉，"安亭指数"
的评价采取量化方法，评价指标体系由创新"铁三角"构成（创
新投入 + 经济产出 + 技术结构）。这三者相辅相成、不可或缺，
单独看任何一项指标都只是必要条件，结合在一起才是充要条件，
合成后就是汽车企业创新指数。无疑，它的发布将对中国建设汽
车强国起到重要作用，并将成为产业发展的"风向标"。

而安亭，正是风向标上那个重要的箭头。

杭州：从"西子"到
"弄潮儿"的奇幻漂流

2003 年 1 月 19 日那一天，李书福站在热闹的杭州之江度假村，看着眼前攒动的人头，准会想起几年前那个失落的日子。那时的他曾遍发请柬，邀请各路贵客前来参加吉利的新车下线仪式，然而酒席摆了几大桌，却无人到场。

这一次，人们给予了李书福极大的热情。从上到下，都洋溢着对他的期望和祝福。出席这次活动的除了吉利当时的主要骨干、海内外朋友，还有省市两级的主要领导，甚至连中国人民银行、中国工商银行、中国建设银行、中国光大银行等 12 家金融机构都来了代表。

这次活动不同寻常，在吉利的发展史上，可称作"迁都"。吉利将自己的管理总部、营销总部和研发总部搬到了杭州。今天，距离钱塘江东岸江陵路地铁站不远处，便坐落着吉利集团。万国旗飘扬的集团门口，有着大大的"GEELY"字样。

不过，虽说是"迁都"，但也留着"小尾巴"，吉利将行政总部和纳税关系继续留在了自己的老家——浙江台州。从中可以看出，吉利也在努力地平衡家乡与杭州之间的关系。尤其是在远大为了搬家与长沙当地政府搞僵了关系，东风从十堰迁到武汉遇到诸多障碍的背景下，这样做显得小心翼翼，却又不得不如此。

对吉利来说，将总部搬迁到杭州，符合自身的战略需要。相较于老家台州，杭州作为浙江的省会城市，也是浙江政治、文化和经济中心，又是国际性旅游大都市，自然具有更广阔的视野和格局、更优越的营商环境，还相对贴近核心市场。而且，这里历史悠久、人才辈出，拥有内地一流的浙江大学，可为吉利提供大量高素质的技术与管理人才，保证并进一步推动它的高速发展。

杭州地处吉利的临海基地、台州基地、宁波基地和上海基地四大汽车生产基地的中心，到上海、宁波、台州都只需要1个多小时的车程，便于吉利对生产基地的管理及人员之间的沟通。

杭州政府自然兴奋有加。就在之江度假村举办的这场盛大的欢迎仪式上，当地政府领导指出，吉利集团管理总部、营销总部和研发总部搬到杭州，填补了杭州作为国际性大都市一直以来缺乏大型汽车企业的空白。

因为杭州是省会，因此吉利迁到杭州，还带着这样的意味：吉利汽车不仅是李书福的，也不只是台州的，现在的吉利汽车已经是属于我们浙江人的了。

　　不管怎样，杭州都需要吉利，这不仅是因为吉利作为浙江省唯一的汽车企业，能够在中国激烈的汽车市场竞争中成为"3+6"成员①，并取得了阶段性的成就。更重要的是，这种重要的制造企业的进入，不仅能改变杭州自古以来的软性气质，而且也能让杭州的产业结构进一步得到优化。

　　对于一个城市来说，完善的产业结构有助于推动其实现高质量发展，从而增强城市竞争力。杭州的一线梦乃至国际梦，也会因此做得更踏实。

第一辆吉利汽车——吉利豪情下线
（来源：吉利汽车）

---

①　中国汽车"3+6"是指一汽、东风、上海三大集团加上广州本田、重庆长安、安徽奇瑞、沈阳华晨、南京菲亚特、浙江吉利六个独立骨干轿车企业。

西湖生病，杭州吃药

曾几何时，身为鱼米之乡、丝绸之府的杭州，也是见证了近现代工业萌芽和发展之地。京杭大运河上的拱宸桥畔，除了是杭州戏院最为集中之地外，麻纺印染业、仓储运输业、造船业等也一度如火如荼。

新中国成立之后，为了能长治久安，政府对发展工业充满极度的渴望，杭州也因此成了工业发展布局上的一块重地。1958—1960 年，杭州在第二轮城市总体规划中提出了"奋斗三五年"，把杭州建设成"以重工业为基础的综合性的工业城市"的号召。

这也让杭州在"一五""二五"期间，拥有了无数的工业板块，分别为武林门电子工业区、北大桥化学工业区、湖墅路北丝绸纺织工业区、半山重工业区、城东蔬菜保护区及食品工业区。一系列的规划为杭州奠定了工业基础。

杭州的汽车产业也是从这个时候正式起步的。1958 年、1966年，杭州曾经分别自主生产和组装过汽车。

根据资料，杭州工业增加值占全国的份额由 1978 年的 2.9%升至 1982 年的 4.0%，在全国各省市区中的位次由第 15 位升至第 11 位，平均每年前移一位。工业增加值占 GDP 的比重稳步提高，从 1979 年的 35.3% 提高到 1982 年的 37.4%，并在 1980 年超过了农业。

工业走势良好，但西湖却"病"了。今天很多杭州人未必能想象得到，那个时候运河边会建炼油厂，吴山上则建了照相机厂，至于大大小小以纺织、印染、机械为主要工艺的厂子，则塞满了上下城区。它们在带来废水、废气和噪音的同时，也"入侵"了西湖风景区景点和文物古迹，使园林景色和自然风光受到了严重破坏。

这也是杭州在 20 世纪 70 年代急于储备城市规划人才，并于 1978 年 3 月国务院召开第三次全国城市工作会议之后，成立杭州规划局和杭州设计院，展开第三轮城市总体规划的重要原因。在一次次思想的激烈碰撞后，杭州市"历史文化名城和全国重点风景旅游城市"的定位渐渐浮出水面。

1983 年，国务院在杭州城市总体规划的批复中指出，杭州市是省会所在地、国家公布的历史文化名城和全国重点风景旅游城市。杭州市的建设和改造要严格按照批准的总体规划进行。在规划实施中，要严格控制人口规模。今后在杭州市内，不再新建和扩建大、中型工业项目。另外，杭州市应重点发展与风景旅游有关的服务业、食品工业及对城市没有污染的产业和为人民生活服务的事业。要发挥手工艺和轻纺工业的优势。市区内现有工业的发展应以内涵为主。对分散在市内的工厂，要结合工业调整和技术改造，改善不合理的布局。特别要抓紧对工业污染源的治理，加强环境保护监督。对污染严重而无法就地治理的企业，要有计划地逐步迁出。

正是对这一规划的认真遵循，导致杭州接连两次错过了造车的机遇。日后，虽然杭州也迎来了东风杭汽、东风日产柴汽车、中汽商用车、飞碟客车等车企在这里设立生产基地，但它们生产的都是商用车（包括载货汽车和9座以上的客车），适合个人消费的乘用车（包括轿车、MPV、SUV、微面等）制造一直是空白。自2002年起，更有数百家工业企业从老城区出发，开始了10余年浩浩荡荡的"大迁徙"历程。

正是在这一年，杭州不顾当时风靡、到现在还很时兴的门票经济，大胆地拆掉了西湖的围墙，取消门票，西湖就此成为全国第一个免门票的5A级景区。

这样的创新，反而让杭州的第三产业在多年里增长迅速。尤其是阿里巴巴在1999年成立并迅速崛起，带动了信息产业集群在杭州的做大做强，到2017年，杭州的第三产业在三产中的占比达到62.6%，而第二产业占比达34.9%，至于以前撑起杭州盛名的第一产业，占比则微乎其微。杭州成为名副其实的电商之都、休闲之都，再加上此前给人留下的"西湖歌舞几时休"的印象，更加坐实了"软城"之名。

幸运的是，在旅游产业和互联网经济逐渐强势的杭州，还是有几家制造企业在民营经济潮起钱塘之时，支撑起了杭州的工业门面。

一家是宗庆后在1987年带领两名退休老师，靠着14万元借款，靠代销别家的汽水、棒冰及文具纸张赚一分一厘钱起家的杭州娃哈哈集团。它现如今是国内排名前列的食品饮料生产企业。

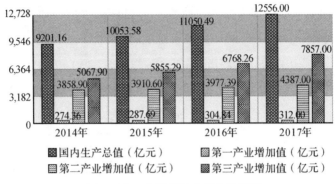

2014—2017 年杭州三大产业数据图
（来源：国家统计局）

另一家则是鲁冠球在 1969 年 7 月带领 6 名农民，集资 4000
元创办的宁围公社农机厂。它虽然出身低端，但在今天已经发展
成为国家 520 户重点企业和国务院 120 家试点企业集团之一，大
名也改为浙江万向集团。

正是万向集团与众多有心人，在吉利入驻之前，共同为杭州
铺就了汽车产业的基础。

烧钱烧钱再烧钱，坚持坚持再坚持

万向集团中的"万向"，跟万向节有关。

万向节，是汽车动力传输领域中不起眼但至关重要的组成
部分。它原是钟表中的一个小发明。1886 年，卡尔·本茨（Karl
Benz）发明了世界上第一台基于马车架构的汽车。为了让内燃发

动机产生的动力能传导到轮胎上，他巧妙地使用了万向节装置，将传动轴和驱动轴连接在一起，一举克服了内燃发动机能量自动传输的难题。1901—1902 年，亚瑟·哈特（Arthur Hardt）和罗伯特·施文克（Robert Schwenke）共同申请了世界上第一个汽车的万向节专利。万向节开始成为现代汽车的一个核心基础零件，直到今天。

在重点专攻万向节之前，出生于萧山宁围镇的鲁冠球也搞过好多种经营，生产过镰刀、锄头、轴承，上级部门甚至还规劝过他转营自行车。但鲁冠球深知自己家业小，底子薄，没办法在竞争激烈的自行车行业中立足。同时他也相信，只有拥有拳头产品，企业才能打出天下。但是拳头产品到底在哪里，他一时没想到。不过，随着国内外油田的开发，能源紧张的困境有所缓和，1979 年，他在《人民日报》上看到了一篇名为"国民经济要发展，交通运输是关键"的社论。这让他敏锐地感觉到，中国将大力发展汽车业。既然要发展汽车业，那么汽车修理和汽车配件行业相应也会得到发展，万向节生产的市场状况将来一定会有所变化。这一年，鲁冠球将工厂改名为萧山万向节厂，将企业生产的方向确定为汽车零部件。

浙江省委党史研究室提供的一篇题为"鲁冠球和万向节"的文章，描述了他是如何另辟蹊径发展万向节的：万向节的生产在当时为大的国营厂所垄断，而且市场已经供过于求。但鲁冠球了解到，进口汽车的万向节无人生产，原因是进口汽车型号多、批量小、工艺复杂、利润不多。如果自己的厂子能够生产进口汽车的万向节，不仅能避开大厂的锐气，避开市场竞争的热点，摆脱企业当前的困境，而且还能解决国家所需。吃透这些情况后，鲁冠球从中汽公司拿到了生产万向节的指标。主攻方向确定后，全厂上下齐心协力，按照国内一流企业的技术标准，集中精力搞技术改造，更新设备，制定新的工艺流程，提前生产出了合格的产品。

半年后的全国汽车配件订货会上，鲁冠球带去的"钱潮"牌万向节一炮打响，被订购一空。从此，"钱潮"牌产品牢牢占据了全国 65% 以上的市场。将产品取名"钱潮"，缘于工厂位于钱塘江边。凑巧的是，这两个字的拼音首字母"QC"，正是"质量控制（quality control）"的英文缩写。重视质量的万向，很快就在几年时间内发展成为全国生产万向节配件的三家重点厂家之一，鲁冠球也成了《人民日报》1986 年通讯《乡土奇葩》的主角。

1988 年，鲁冠球以 1500 万元向镇政府买断万向节厂一半股权，万向摇身一变成了当时还颇受争议的"民营企业"。1990 年 10 月，万向集团正式成立，并成为浙江省计划单列集团，鲁冠球成为集团的法人代表，任董事局主席。同年，鲁冠球提出"大集团战略、小核算体系、资本式运作、国际化市场"的战略方针，万向的发展进入了快车道。

1994 年，万向集团控股的"万向钱潮"股票在深圳证券交易所上市，万向成为中国第一家上市的乡镇企业。同年，万向美国公司成立。随后，万向陆续收购一些濒临破产的美国中小汽配企业，其中就包括当年曾期盼对方过来考察的舍勒公司。2001年8月，万向成功收购美国纳斯达克上市公司UAI（Universal Automotive Industries），开创了中国民营企业收购海外上市公司的先河。

但是，在多年如一日坚持从小事做起的鲁冠球的内心中，其实还有一个庞大的"造车梦"。他一直希望从汽配商晋级为整车制造商。作为浙商的老一辈代表，他和李书福都有着敏锐的市场嗅觉，都对中国汽车市场的未来充满信心，而且都有着强烈的决心。鲁冠球曾说："我不造汽车，我儿子也要造。儿子成功不了，我孙子继续。"

不过，与李书福造车不太相似的是，鲁冠球造车，一出手便着眼新能源汽车领域。1999年，万向开始发展电动汽车，正式成立电动汽车项目组，并定下了"电池—电机—电控—电动汽车"的发展路线。

此时，距离新能源汽车产业政策出台还有整整10年。当下国内外的电动汽车主流玩家们，比亚迪的王传福还在专心做电池，埃隆·马斯克（Elon Musk）刚刚卖掉PayPal套现成功，李斌大学毕业开始做易车网，读高中的李想还在整天混论坛写电脑硬件测评。

鲁冠球曾经这样说过："我希望万向成为一家受世界尊敬的企业，万向以后就是为清洁能源奉献一切。"这一想法也缘于他对中国发展汽车产业的良久思考。在他看来，中国人想在传统汽车行业翻身超越西方，几乎是不可能的，因为在传统的内燃机、传动等技术方面，中国已经落后西方太多太多。中国在汽车领域唯一的翻盘机会，就是新能源车。

这一想法无疑印证了鲁冠球的眼光独到，但反过来，又说明他太超前。而超前的结果不是容易成为"先烈"，就是步履维艰——万向来来回回在研究上投入50亿元，却"没看到"回报。

2003年时，科技部一位副部长到杭州考察"863"计划，意外地发现万向的电动汽车电池实验室和中试生产线，感慨地说："你们是真在做。"2013年，万向集团又将美国最大的新能源锂电池制造企业A123系统公司收入囊中。然而，长期没有拿出"作品"的万向还是"躺枪"了，在工信部于2018年11月7日公布的首批《特别公示新能源汽车生产企业（第1批）》中，万向被暂停受理其《道路机动车辆生产企业及产品公告》新能源汽车新产品申报，理由是获得资质后长期不生产新能源汽车。11月13日，万向通过官方微信委婉表达从未停止制造新能源汽车的步伐——"万向造车梦，鲁冠球主席说过：烧钱烧钱再烧钱，坚持坚持再坚持。秉持天蓝、地绿、水清、空气好的社会责任，万向从来没有停下奋斗的步伐。"

不管万向什么时候在整车制造上拿出汇报成果，得益于它的存在和引领，杭州在汽车零部件方面形成了以万向集团为龙头，中国重汽集团杭州发动机有限公司（1958年成立）、亚太机电集团有限公司（1998年成立）、中策橡胶集团有限公司（1992年成立，前身为1958年成立的杭州海潮橡胶厂）、杭州西湖汽车零部件集团（1995 年成立）、杭州前进齿轮箱集团（1997 年成立）等近 300 家企业组成的产业体系，拥有门类齐全的汽车配套产品，主要涉及动力、传动、转向控制、制动、行走、内饰等领域。

到 2010 年，万向集团、重汽杭发、杭齿股份、亚太机电这四家企业销售收入合计超过 700 亿元，其中万向 661.38 亿元，重汽杭发 41.3 亿元，杭齿股份 21.87 亿元，亚太机电 16.27 亿元。根据中国汽车工业协会的统计，2010 年按省区市划分的汽车整车工业产值排名中，浙江省是 338 亿元，全国排名第 15 位；汽车零部件及配件制造产值 1932 亿元，全国排名第 1 位。可以看出，浙江的汽车零部件产值是整车的 5.7 倍，而汽车整车产值排在前 5 位的是吉林、山东、广东、湖北、上海，无一不是整车产值大幅超过零部件产值。

网上有《推进杭州汽车工业发展的思考》一文，感叹浙江的汽车整车制造与零部件及配件制造严重倒挂，同时也发现整车产业的发展落伍，导致杭州的汽车零部件企业颇有一种"墙内开花墙外香"的味道，为外地整车厂配套的多，为本地（省）汽车企业配套的少。诸如万向、亚太机电等企业都在为上汽通用、一汽-大众等企业配套，但为本地整车厂配套不多。这也是因为过去杭州没有整车厂，万向等零部件企业缺乏整车厂的带动。

但是，它们的存在，却为杭州的工业发展保存了珍贵的星火，更重要的是，它们让杭州看到了自己进一步发展整车行业的可能。

事实上，吉利之所以"迁都"杭州，也是由于杭州在汽车零部件产业上形成了集群效应，可以通过与之相互合作，在形成利益共同体的同时，有效地为整车厂控制成本。它不仅推动了吉利做大做强，更是促使吉利上演了一场"蛇吞象"的好戏——并购沃尔沃。

在吉利之后，更多的车企也将目光锁定在杭州这只潜力股身上。

奔腾不息的创业精神

2009 年 6 月，一个重要的改革重组战略合作协议在东风汽车公司与杭州市政府、台湾裕隆汽车制造股份有限公司三者之间展开。

此前，锐意开疆辟土的东风在相继建成十堰、襄樊、武汉三大汽车开发生产基地前后，于 1998 年在杭州成立了东风杭州汽车有限公司，生产高中档客车和客车底盘。数年经营，让它成为开发最早、规模最大的全国专用客车底盘生产厂。尽管"膝下多子"，但为了做高在汽车集团之中的排名，东风意欲继续"开枝散叶"。

正好，台湾地区汽车销量第一的裕隆汽车多年来也很想在大陆市场寻找属于自己的一杯羹，但是合资之路一直不顺——1996年，裕隆欲与厦门汽车工业公司合作生产"福满多"面包车，未如其愿，2007 年退出；2000 年，裕隆与东风汽车组建广州风神汽车公司，因日产与东风的全面合资而被迫退出；裕隆与福建省汽车工业集团有限公司合资的东南汽车，又跟合作方在发展方向上步入殊途。从这里可以看出，虽然裕隆早已涉足大陆汽车业，且不止一次充当国内车企与国际车企巨头合作的牵线人，但都是"为他人作嫁衣"。到2008年，裕隆不甘心屡屡失败，干脆联手浙江中誉集团，打造自有品牌，想要将纳智捷品牌推向大陆，并达成了一份看上去很美好的协议：双方以50∶50的股比在杭州组建纳智捷（杭州）汽车有限公司，计划投资46亿元人民币，设计年产能24万台。但是国家突然而来的"控制产能、严审汽车项目"的举措，让裕隆和中誉的纳智捷合作项目陷入了遥遥无期的等待之中。

在各种挫败面前，裕隆仍决然地选择放手一搏，再度找到了前合资方东风汽车，打算借东风的背景，让项目审批之路走得顺利些。

东风对此很是心动，而杭州市当地更是高调出面协调，积极"请退"浙江中誉。根据这次改革重组规划，东风先通过东风杭州汽车公司的名义出资，从浙江中誉集团手中收购纳智捷20%的股份。收购后纳智捷的股比情况是：裕隆50%、中誉30%、东风20%。接着，东风又收购浙江中誉集团手中另外30%的股份。这样，浙江中誉集团手中所有纳智捷的股份，都转移到了东风名下。东风与裕隆合资成立东风裕隆。东风杭州汽车有限公司将通过改制，整体并入东风裕隆，并在现有商用车业务的基础上导入乘用车生产。

　　有时想想，如果没有杭州当地的热情，东风与裕隆之间的合作一定会阻碍丛生。多年来的摸索让杭州市政府意识到，杭州要做"历史文化名城和全国重点风景旅游城市"，并不意味着不需要发展工业，而是要发展高质量、高科技的工业。

　　这其中，汽车产业无疑是最好的选择之一。在于2009年发布的《关于加快我市汽车产业发展的若干意见》中，杭州市政府就号召当地要对汽车产业"统一思想认识"，即"汽车产业具有产业链长、带动力强、规模效应显著、高新技术与传统工业紧密结合等特点。加快发展汽车产业是实施'工业兴市'战略、落实'三位一体'发展方针、推动产业结构调整、构建'3+1'现代产业体系的需要，对保持经济社会可持续发展具有重要的意义"。

　　具体到这次合作来说，东风裕隆落地杭州，可以帮助杭州整合两岸优势资源。要知道，东风汽车与裕隆汽车分别是大陆与台湾营运绩效领先的汽车公司，它们可以将各自的成功经验导入杭州；同时，裕隆还会将台湾先进的IT科技（汽车电子化）及台湾汽车产业链中的先进企业带入杭州。

　　因此，这份指导意见的一开头就直抒胸臆："为推进产业升级转型，将汽车产业培育成为我市经济发展的重要支柱产业，结合国家《汽车产业调整振兴规划》精神，现就加快我市汽车产业发展提出如下意见。"

　　除了"统一思想认识"，在指导思想上，还要"以发展整车产业为突破口，不断提升汽车零部件产品结构优化和技术创新能力，提高汽车零部件的技术含量和附加值，逐步完善汽车设计、研发、制造、贸易、物流、金融及教育与体育等为一体的汽车产业链，形成民营、国有、外资优势互补、资源共享的发展模式，实现我市汽车产业的跨越式发展"。

在重点领域上，要"优先发展乘用车"，接卜米分别要"积极发展大中型客车和新型先进专用车"，"适度发展载货车"，以及"提升汽车关键零部件的发展水平"。

这其中引人关注的还有"培育发展节能与新能源（电动）汽车"。万向在新能源汽车上的尽早布局，加上纳智捷的落地，让杭州市在整车制造上虽然起步很晚，但赶上了新能源汽车的"早集"。如果不了解这段历史，便很难想象，杭州会成为国家节能与新能源汽车示范推广试点城市。当然，作为全国重点风景旅游城市，杭州的街头也需要跑起更多的新能源汽车。所以，杭州要抓住这个契机，"加大对节能与新能源汽车及其关键零部件研发、制造企业的扶持力度，尽快形成产业化。支持万向电动汽车有限公司、赛恩斯能源科技有限公司、浙江品森科技发展有限公司等企业研发电池、电控、电机等汽车关键部件和总成技术，推进万向、纳智捷等电动汽车产业化"。

引人关注的还有"集聚发展"。"新建整车及零部件项目必须符合国家汽车产业政策的有关规定和目录，省、市汽车产业规划和有关规定，且原则上项目必须进入汽车产业园。对进入产业园建设的项目，各地应优先安排用地指标，并根据产业链现状、投资强度和技术先进性给予一定的土地价格、税费缴纳、资助资金等方面的优惠政策。"

这份意见是杭州在日后 10 年里发展汽车产业的一个重要纲领。它强调了对产业的认识、产业发展的方向，以及对各大车企的优惠政策。

可以说，为了做大做强自己的汽车产业，从而能在落后将近一个身位的竞争中迎头赶上，杭州可谓苦心孤诣。

也正是在杭州的如许热情之下，继东风裕隆之后，与吉利一样出身浙江的众泰汽车也拥抱了杭州，于 2009 年 8 月 21 日设立杭州基地。与万向的路径有些相似，众泰是在永康当地诸多汽车零配件企业的支撑下进入整车制造领域的。万向迟迟没拿出整车产品，而众泰只用了十数年的时间，便成了新能源汽车领域的佼佼者。

相比而言，由李书福当年的合作伙伴缪雪中在离开吉利之后创办，后来又于 2010 年与广汽集团合资成立的广汽吉奥，其表现就有一点难尽如人意。2015 年全年的销量仅为 1.14 万辆，而且还遇到了经销商的"逼宫事件"。2016 年，广汽集团通过子公司广汽乘用车全资收购了吉奥控股持有的广汽吉奥 49% 的股权，广汽吉奥至此非正常停产，取而代之的是"广州汽车集团乘用车（杭州）有限公司"。尽管历经曲折，但在广汽吉奥的基础上重组而来的新工厂却给杭州带来了意外之喜——广汽在它身上可谓下了很大的力气，总投资 180 亿元，首期投资 80 亿元，整体产能规划为 40 万辆 / 年。伴随着新工厂在 2017 年 12 月 26 日竣工，广汽传祺旗下全新紧凑型车传祺 GA4 也正式下线。

今天，当我们回过头再看杭州本土的汽车产业，不免会感慨，在设想中，这个不管是从历史因素还是地理因素上看都很难在汽车产业上有所作为的城市——比起有着诸多日资企业的苏州，以及拥有深水良港也是通商口岸的宁波，杭州在外在条件上并没有太多过人的地方——偏偏能在汽车产业中后来居上。如果要找原因，也许跟浙江民营经济发达，以及在此基础上孕育出的创业精神有关。就像鲁冠球、李书福这一批随着改革开放成长起来的浙商，他们敢为人先，勇立潮头，自强不息，百折不挠，只要认准了就会坚持，无论道路如何曲折，他们总会找到一套方法或路径去突围。更重要的是，他们善于学习，提倡合作，又讲诚信与服务。

一片创业氛围浓厚的土地，自然造就了优渥的营商环境，杭州连续多年位列中国最佳商业城市。这也让杭州迎来了更大的"大牌"——美国福特。这是福特在中国的第四家工厂，也是它当时在中国东部沿海地区唯一一家高端工厂。

2015 年 3 月 24 日上午 10 点，一红、一白两辆福特锐界 SUV 缓缓从生产线驶上舞台，宣告杭州从此有了中高端整车的生产能力。之所以将工厂设在杭州，对方显然是看中了杭州完善的基础设施、优越的地理位置、训练有素的工作人员、亲商的环境，以及先进的零配件生产技术。当然，作为沿海地区相对发达的区域，杭州在高端车消费方面也一直让很多车企心动。这些都让福特相信，选择杭州，将使企业在未来的很长一段时间都能欣欣向荣地发展。这将帮助福特加速在华发展，实现全球增长目标。

对杭州而言，这项总投资 75 亿元、有着 750 多个机器人的福特工厂，是改革开放以来杭州引进的第一个世界级整车项目，也是杭州引进的最大单体工业项目，它的分量不言而喻。它带来的不仅仅是经济指标的增长，对杭州的创新驱动、转型升级而言，都具有重大意义。

不过在兴奋背后，还藏着一个让外人有些疑惑不解的问题——老城只有 683 平方公里的杭州，将如何承载这些企业的到来？

引入吉利也好，牵手裕隆、拥抱福特也罢，其实都折射出杭州城市发展的一个重要变迁，那就是从"西湖时代"大步迈进"钱塘江时代"。

拥江发展下的大江东

在过去很长一段时间内，由于钱塘江的江面比较宽，杭州跨江发展存在着技术上及心理上的障碍。套用过去上海人不愿过江居住的老话：宁要浦西一张床，也不要浦东一间房。尤其是对岸的萧山在 1959 年之前，大多数时间属于绍兴，小部分时间属于宁波，更让很多人将钱塘江当成了杭州的城市边界。

但是，背江发展，让南靠凤凰山，北有京杭大运河穿过，西面则有西湖群山和西溪湿地，因而形成"三面云山一面城"这一城市格局的杭州，多年来一直受制于地理的窘迫。尤其是其城域面积越往南越狭窄，形似腰鼓，杭州又被称作"腰鼓城"。在原来 683 平方公里的老城范围内，如果要持续发展，只能拆老城建新城。但是杭州的城市定位又不允许它大破大建。为了改变多年来只能"螺蛳壳里做道场"的局面，杭州只有向东扩张。

20 世纪 90 年代末，以萧山市西兴、长河、浦沿三镇为基础，成立杭州市滨江区（另外撤销了半山区），可以看成是杭州东扩投出的第一颗小石子。这是萧山的第一次"割肉喂鹰""舍身饲虎"。因为这三镇是萧山当时的工业重镇，其 GDP 总值占了萧山 GDP 的相当比例。今天吉利集团的总部所在地便位于滨江。

2000 年，杭州更是大张旗鼓地提出了"城市东扩，旅游西进，沿江开发，跨江发展"的战略。伴随这一战略的，是杭州三轮"撤市建区"：2001 年 3 月，萧山、余杭撤市设区，杭州市区面积从 683 平方公里扩大到 3068 平方公里；2014 年 12 月，富阳撤市建区，市区面积增至 4876 平方公里；2017 年 8 月，临安撤市建区，这一次，市区面积一下子扩大 64%，达到 8002.8 平方公里。杭州一举做大，拥有 10 个市辖区、2 个县、1 个县级市。

2008 年上映的《非诚勿扰》不仅让这四个字成为两性关系中的热词，也让全国观众对杭州的认知从西湖，进一步扩展到离西湖仅 5 公里远的西溪。"我试一试芦笛的新声，在月下的秋雪庵前"，诗人徐志摩在远赴西伯利亚的路上想起了秋日西溪芦苇丛中萧瑟曼舞的影子，以及那些曾一起荡舟其间如今却不知去向的朋友，不禁有感而发，提笔写下了《西伯利亚道中忆西湖秋雪庵芦色作歌》。

西溪，这个在历史上有着非常深厚的自然与人文底蕴，与西湖、西泠并称杭州"三西"的城市湿地，多年来一直掩藏在西湖的盛名之下，少为人知。尤其是城市化的发展造成了生态破坏及水域面积的缩小，更是让西溪成了蒙尘的珍宝。

得益于杭州的"旅游西进"战略，21 世纪初，西溪开始接受保护性开发。很快，这种开发便有如西湖拆围那样收到奇效：2005 年 5 月，西溪国家湿地公园作为中国首个国家级城市湿地公园试点对公众开放，当年入园游客达 200 多万人次。随后几年，西溪二期、三期相继开园。优美的风光加上电影《非诚勿扰》的推波助澜，据统计，10 年之内，西溪湿地累计接待游客 1 亿多人次，旅游经济营收每年都超过 1 亿元。

西溪更让人熟知的，还有阿里巴巴集团与杭州当地政府于 2008 年正式签约决定启动的阿里巴巴西溪园区，它还有一个耳熟能详的名字——淘宝城。2013 年，随着阿里集团旗下天猫、淘宝网、阿里云、聚划算等公司 1.2 万名员工集体搬家到这个淘宝城，今天的西溪湿地，俨然不只是一张旅游名片，更是杭州的城市品牌。

阿里巴巴的存在，让杭州的西部发现了另一种生长的可能。尽管有西湖群山的阻隔，很难发展重工业生产，但是科创这种绿色产业，不仅符合当地特色，而且适宜落地发展。2016 年，浙江省政府作出建设杭州城西科创大走廊的决定：从浙大紫金港校区向西，经过未来科技城（海创园），再到青山湖科技城，形成长约 33 公里的科创大走廊。因为集聚了阿里云、北斗导航、数梦工场及众多的准"独角兽"企业，这条大走廊被许多人寄望成为中国未来的硅谷。

在省级层面对杭州"西扯"前后，杭州市也根据自己此前制定的战略，紧锣密鼓地进行"东拉"。2001 年，江东工业园开始筹建。2002 年及 2003 年，前进工业园区和临江工业园区相继开始筹建——与鲁冠球出身的宁围一样，这些工业园所在的区域位于钱塘江东岸，相对更靠近入海口杭州湾，被钱塘江以倒"U"形包裹其中。这本是一片滩涂之地，但以抓"潮头鱼"而闻名的萧山人，硬是肩扛手提，用原始的劳动工具和生产方式，最多日动用民工 15 万余人，让这里在短短几十年之内从难事农桑的盐碱地，变成规整的田园。

相较于早早"割"出去的西兴、长河和浦沿，在萧山这些地方建立工业园，倒不至于让人太心疼，但是，它对杭州集聚发展汽车产业却弥足珍贵。一方面，这个地方足够大，够汽车产业及其他先进制造业在此辗转腾挪；另一方面，它相对原始，不需要像城区那样面临拆迁的难题，就如一张白纸，人们很容易在上面描画。

2009 年，杭州当地作出了加快大江东区域一体化发展的战略部署，区域范围内有江东、临江和前进 3 大功能区。包括义蓬、河庄、新湾、临江和前进 5 个街道的"大江东"，由此呼之欲出。2010 年 9 月 21 日，浙江省人民政府下发《关于印发浙江省产业集聚区发展总体规划（2011—2020 年）的通知》，杭州大江东产业集聚区正式确立。

从这则通知中可以发现，在这个产业集聚区内，除了给高端纺织化纤业、新型建材等产业留了足够空间外，还为汽车产业留了一席之地。在某种意义上，这也是杭州牵手裕隆、拥抱福特的底气之所在。

就连总部设在滨江的吉利，也于 2010 年斥资 3.5 亿元，在大江东建立了新研发中心。2016 年 4 月，总投资 80 亿元、用地 600 亩、首期年产 10 万辆基于 AMA 平台的新能源汽车整车、达产后年预计销售收入不少于 150 亿元的吉利新能源整车项目，又成功签约落户大江东。但这绝不是吉利最终的步伐——2018 年 11 月，吉利与杭州又签下一份颇具分量的合作协议：计划总投资约 30 亿元，建设新增年产 10 万辆乘用车整车项目，新增用地约 230 亩。

除了吉利整车项目，这个月在大江东共有 24 个重大项目集中签约开工。其中开工的汽车及零部件项目有 3 个，一个是福特的林肯整车项目，一个是延锋彼欧汽车外饰系统项目，还有一个则是广汽传祺整车物流中心项目；签约汽车零部件项目 3 个，分别为卡斯马星乔瑞汽车零部件项目、华翔汽车零部件项目、至信汽车零部件扩产项目。

　　在这些重大项目中，不能忽略的是艮山东路过江隧道项目。这些年来随着城市东扩的推进，杭州增添了两块现代化的城市空间——拥有市民中心、"日月同辉"、来福士等比肩国际的地标的钱江新城，以及与其隔江相望的钱江世纪城。此前设区时让人一度找不到核心的滨江，也因为奥体博览城、白马湖生态创意城、物联网产业园、智慧新天地、北塘河畔5大世界级产业平台的规划和建设，变得日益繁华。更重要的是，随着庆春路隧道、地铁1号线的开通，以及望江路隧道、青年路隧道的开工，以前对杭州人来说的"心理天堑"，逐渐变为通途。

　　不过，这些通道距离大江东相对较远。这些年来从杭州城区到大江东，主要是走偏远的江东大桥，如今随着项目估算总投资超44.19亿元，隧道段长约4450米，西起下沙艾博生物医药公司南侧，东至大江东滨江二路，双向六车道的艮山东路过江隧道的建设，大江东与主城区将实现交通多元化发展，大江东到杭州主城区及周边城市的时间将大大缩短，大江东投资环境将全面提升。

　　此外，地铁7号线和8号线也计划于2021年完工，届时将实现该区域与杭州其他板块的连通。从某种意义上来说，正是这些连通，让以前被钱塘江分割成两边的滨江/大江东与杭州城区，由当年的"跨江发展"变成了今天的"拥江发展"。

　　2017年年底，杭州市政府《关于实施"拥江发展"战略的意见》出台。当年的钱塘江，是杭州的边界，如今的钱塘江，在这份意见中却成了杭州面向未来的中轴。以前的杭州，"一半勾留是此湖", 但如今的杭州, 在这份意见中却是"一江春水穿城过"。

大江东的汽车产业也因此迈上了快车道。到 2018 年年底, 大江东已集聚了长安福特、广汽传祺、吉利汽车、林肯汽车、东风裕隆 5 大整车项目和 70 余家汽车零部件企业, 其中佛吉亚、麦格纳、卡斯马等汽车产业类世界 500 强企业投资项目超过 20 个。可以说, 大江东基本上形成了从整车制造、零部件配套到技术研发、机器人应用的汽车产业链闭环。这所有的一切, 帮助大江东这块 427 平方公里的土地, 在 2017 年实现地区生产总值 297 亿元, 财政总收入 87.18 亿元, 常住人口达约 28 万。2018 年生产总值则为 304.3 亿元, 增速 3.0%。这相对杭州 13509.2 亿元的生产总值显得有些微不足道; 但是对大江东的汽车产业集群乃至整个杭州市的汽车产业, 杭州显然有自己的期待。

首先, 毋庸置疑, 汽车产业能推动城市自身的转型升级。

其次, 它推动大江东从杭州的边缘变成城市的副中心, 而且促使大江东与其他西进和东扩板块一起, 改变了杭州整个城市的地理格局。

此前的杭州, 尽管是全省的中心, 但是位置偏北, 对浙东、浙中南等地的辐射能力稍弱, 现在辐射能力大幅增强了, 不仅对萧山有直接的影响, 而且因为距离绍兴更近, 进一步推动了杭绍都市圈的发展。这种发展逻辑也曾深刻地影响过南京, 杭州需要跨江 (钱塘江) 东扩, 南京则要跨江 (长江) 北进。当南京拥江发展之后, 它对苏中、苏北、安徽等周边地区的辐射作用, 也无疑会大幅度增强。

更重要的是，这是一个世界的发展开始进入由大湾区主导并协调合作的时代。从世界经济版图看，全球 60% 的经济总量集中在入海口，如美国的纽约湾区和旧金山湾区、日本的东京湾区等，都是知名湾区。恰好，大江东位于杭州湾这一港湾地区，做大做强大江东汽车产业，可以进一步推动杭州湾成为促进中国发展的新的内生动力。

同时，做大做强大江东汽车产业，还可以让杭州在不断竞合的过程中，与世界紧密捆绑，让举办过 G20 峰会又将迎来亚运会的杭州进一步走向国际化，并为世界所知。

2018 年，杭州市政府公布了《关于加快汽车产业创新发展的实施意见 (征求意见稿)》。杭州明确将依托现有产业基础和优势，围绕"一极两翼多点"的空间布局，形成从关键零部件到整车生产的完整产业体系，到 2020 年，努力建设成为国内重要的汽车研发与制造创新基地。这"一极"，便是大江东。

幸运的是，信息产业的急速发展，让杭州的汽车产业在拥有大江东这个"存量"之外，又多了让人眼热的"增量"。

"东拉西扯"，造杭州"新东西"

2016 年 7 月 16 日，杭州的云栖小镇上演了一场新车秀。来自上汽自主研发的荣威 SUV 车型——RX5 在这里登台亮相。全系 8 款车型，售价 9.98 万～ 17.98 万元。

　　如果时间回转到 2014 年之前，谁都想象不到荣威会选择在这里发布新款车型。这就像谁也想象不到，云栖这样一个在行政辖区意义上并不存在，前身是先天不足、后天发展也不好的烂尾产业园——转塘科技经济园的小镇，居然会成为云计算创业创新基地。改变这个小镇的，是阿里。同样，荣威能够成为 7 月 16 日这天小镇的主角，其中也有阿里的一份功劳。

　　杭州的西进东扩，让大江东成了汽车制造业的重镇。与此同时，西溪区块成了文旅及信息产业的高地。阿里及围绕着阿里而衍生的阿里系的崛起，让杭州近年来因数字经济而兴，因数字经济而荣。这要是放在过去，汽车产业与信息产业两者并驾齐驱，井水不犯河水，你做你的，我搞我的。但是人工智能及网络信息技术的急速发展，却在悄然之间改变了汽车驾驶，进而重新塑造了汽车产业。

　　对信息产业来说，过去 20 年在全球竞争中比拼的是基础软硬件支撑能力，尤其是美国，凭借强大的基础研发能力，抢占了发展先机，赢得了全球市场。但在未来的 20 年中，比拼的则是基础软硬件跨界融合能力。在某种意义上，智能汽车、智能机床及智能家居等诸多应用需求，成了信息产业面向未来的"风口"。

　　阿里作为信息产业的领军企业和优秀的数据公司，这些年一直在寻找趋势，努力发现那些可持续迭代的要素，并借用势能，相继布局电商、金融、物流、新零售及健康、大文娱。进军汽车产业，它不仅有意愿，更有能力。

2014 年，阿里就开始了汽车操作系统的研发。相比腾讯在智能网联车市场的"踌躇不前"，百度对自动驾驶技术的"长驱直入"，它与金龙客车合作研发无人驾驶微循环巴士，与江淮、北汽和奇瑞合作研发无人驾驶车辆，还与福田汽车签订战略合作协议，合作研发无人驾驶超级卡车和车联网技术。阿里在汽车领域的布局也有着典型的"阿里特色"，那就是先打通传统汽车与互联网的连接，然后将人工智能逐步引入汽车场景，并依托车路协同的生态化理念，实现自动驾驶。

这也让它与上汽的合作一拍即合——一方想要跨界，一方则要追求转型升级，为消费者提供更好的驾驶、出行体验。更重要的是，两者都是行业内的标杆。这让阿里巴巴前 CTO（首席技术官）王坚博士与上汽 CIO（首席信息官）张新权在马云的太极禅院初次见面便相谈甚欢。这一天是 2014 年的 2 月 24 日。时隔不久的 7 月 23 日，两边的大佬——马云与上汽集团董事长陈虹，也坐到了一起。这次会面促成了两者的战略合作，2015 年 3 月双方投资设立 10 亿元的互联网汽车基金（双方各占股 50%），并组建合资公司斑马网络技术有限公司。此后经过数年努力，推出了基于 AliOS 系统的斑马系统。通过这个系统，用户只需要对汽车发出语音指令，就可以享受服务。比如，用户说"太冷了"，互联网汽车就会自动将空调调节到合适的温度；用户买了张电影票，互联网汽车就会主动推荐前往影院的合适路线。

搭载斑马系统的第一款车型，正是荣威RX5，它也因此被称为第一款互联网汽车。这是它在云栖亮相的一个根本原因。

不得不说，荣威RX5的推出具有重要的节点意义。它让越来越多的人意识到，互联网汽车已经是一个新的品类。此后，汽车独立联网、语音交互、服务找人，几乎成为近两年新车型的标配。而荣威RX5也受益匪浅，上市一年累计销量便高达23万辆，成为名副其实的"年度销量王"。上汽也顺势推出了荣威i6、名爵ZS、名爵6、大通D90等多款互联网汽车。尽管阿里需要AliOS做全行业布局，实现规模化来摊销开发费用，而上汽则要掌控优质竞争资源，导致两大巨头在斑马系统上矛盾不断，但这并不影响阿里进军智能网联汽车的决心。对阿里来说，它还需要用两条腿走路，一条是基于天猫精灵的"AI（人工智能）+车"解决方案，另一条则是车路协同式的自动驾驶模式。

自动驾驶是当前汽车发展的"终极目标"，它像华山论剑一样，吸引着每个高手的注意力。除了百度，国外的谷歌及Uber（优步）也对其虎视眈眈。但是Uber无人车在美国亚利桑那州的撞人事故，让无人驾驶陷入被质疑的尴尬境地。很多时候，由于受到车自身视角和高度的限制，哪怕增加再多的传感器，车也没办法全天候、无死角地识别突发情况，而且这样做会让车的成本非常高昂，无法普惠大众。相比之下，阿里所采用的车路协同式的自动驾驶模式，则给出了相应的解决方案。

所谓的车路协同，就是让车"变聪明"的同时，也让路"变得聪明"。比如说，在道路的两边增加多个智能感知基站，并使其不断与汽车交互。这个时候，车的死角就不存在了，它对周边的感知真正达到了全天候、无死角。另外，互联互通的智能感知基站，也能够有效降低应用自动驾驶技术的单车成本。

尽管杭州的车企并没有像上汽那样喝到与阿里合作的"头口汤"，但阿里在自动驾驶上的认知"突破"，却让杭州的街道开始变得更"智能"。

早在 2016 年 4 月，浙江就成为中国首个开展部省合作推进 5G 车联网应用的示范省份，而试点区域就有云栖小镇。为此，在小镇周边的道路上，出现了越来越多的智能感知基站。它不断增加、变密，也让小镇的道路成为真正的"聪明的路"。而杭州市政府希望这种场景出现在更多的街道上。2018 年 9 月 20 日，第九届云栖大会召开的第二天，杭州市经济和信息化委员会、杭州市公安局交通警察局共同向阿里巴巴人工智能实验室发出首张"智能网联汽车测试号牌"（即自动驾驶测试号牌）。很快，杭州华为企业通信技术有限公司、杭州飞步科技有限公司等 5 家企业又相继于次年获得牌照。与此同时，杭州市智能网联汽车开放测试道路公示，范围包括：杭州未来科技城文二西路及葛巷路、绿汀路等周边道路。许可测试时间为：上午 10 点到下午 4 点，晚上 9 点到午夜 0 点，且无极端天气状况。

不得不说，杭州对发展智能网联汽车的愿望尤其强烈。一方面，有阿里这样的大佬"站台"；另一方面，杭州自身在汽车产业上经过多年的努力，已然呈现迎头赶上的态势。要知道，智能汽车本身就是跨界新生事物，单干谁都不行，只有通过产业联姻、跨界融合，才能产生集聚效应。这也是中国智能汽车发展的特色。

事实上，在信息产业疯狂跨界进入汽车产业的同时，一些传统车企也在努力拥抱这个智能互联的时代。

就如吉利，得益于对沃尔沃的并购，它在新能源及智能网联方面一直走在这个时代的前列。作为著名的汽车制造商，沃尔沃以维护驾驶员的安全闻名，同时致力于使汽车机械及系统的损伤最小化，不断探索消费者想从他们被接入网络的车中获得怎样的功能和驾驶体验。所以，当人类社会正急速地从 IT 时代进入 DT（数据处理技术）时代时，它也成为大数据战略的拥趸及最先体验的厂商之一。1998 年，沃尔沃就发布了第一台接入网络的汽车；2012 年，沃尔沃就在西班牙巴塞罗那的高速公路上成功测试了一支无人驾驶汽车车队，整支车队完成了 200 公里的行程。这些无疑会帮助吉利在面向未来时，拥有无尽的想象空间。2018 年，吉利推出了给予消费者智能化体验的新能源汽车博瑞 GE。因为搭载了行业领先的智能循迹驾驶系统，该款车也成了国内首款量产的应用 L2 级别自动驾驶技术 [1] 的 B 级车。

与此同时，吉利还与第 19 届亚运会组委会正式签约，成为杭州亚运会官方汽车服务合作伙伴，并启动主题为"科技吉利，

---

① L2 级别的自动驾驶，即车辆实现部分自动化，系统和驾驶人员合作，一起控制汽车。——编者注

悦行亚运"的亚运战略。这也意味着在杭州亚运会上，来自各地的参赛者将在亚运村或亚运场馆特定区域，感到无人驾驶带来的新奇和乐趣。此外，得益于吉利的"反哺"，沃尔沃在今天也如虎添翼，不但在乘用车市场表现得越发神勇，而且发现了自己的另一个强势领域——商用车。2018 年 9 月，沃尔沃正式发布全新无人驾驶电动卡车 Vera，Vera 的最大亮点就是彻底取消了传统的驾驶室。与此同时，它还推出了一款全新概念车 360c，这个盒子状的汽车同样省去了驾驶室。让人更吃惊的是，它的竞争对手已经不是它的"同类"，而变成了飞机制造商——2017 年 11 月，吉利收购了美国硅谷泰拉夫加（Terrafugia）飞行汽车公司，进军飞行汽车领域。

阿里、吉利的各自作为，让人看到杭州的"东""西"一旦联手，会在汽车产业上带来怎样惊人的"东西"！

事实上，吉利还有一个利好，那就是吸纳了 60 多个位列世界 500 强和中国 500 强名单的企业入驻的大江东，要在"拥江发展"中与对岸的下沙合并，力争打造国家级新区——钱塘新区。

需要客观看待的是，以阿里为龙头的数字经济一骑绝尘，使得杭州在打造"数字经济第一城"的高速公路上高歌猛进，带动了第三产业的高速发展，也直接拉动了杭州西部的城市化。但杭州依然第二产业偏弱。尽管杭州市近些年来行政资源向东倾斜，但工业底子过于薄弱，导致大江东的发展难以尽如人意——工业产值并没有像人们所期望的那样实现爆发式的增长。与此同时，对岸的下沙在 1993 年成立杭州经济开发区，虽然是全国唯一集工业园区、高教园区、出口加工区于一体的国家级开发区，集中了杭州师范大学、浙江工商大学、中国计量大学、浙江传媒学院等十多所高校，但近年来在产城融合上裹足不前。两者隔岸守望 10 多年之后，是否可以相拥发展——通过取长补短，下沙的科研技术借大江东落地，而大江东也能源源不断地获得人才？

当然，除了智能网联汽车，大数据的爆发还让杭州找到了汽车产业的另一条路径，那就是像滴滴出行这样的出行公司的崛起。今天的滴滴，让出行变得快捷、方便，但谁也不敢确定，它在未来会不会因为分时租赁及定制网约车的兴起，变成一家优秀的金融公司或者汽车公司。相应地，谁也不敢确定，像吉利这样的传统车企，会不会因为布局曹操出行，摇身一变成为一家出色的移动出行公司。这不仅会帮助吉利在未来的发展中切分更多的利益蛋糕，还将极大地帮助其自身消化产能。这种角色转换无疑会带来巨大的正向效应，那就是杭州的汽车产业将越做越大，"杭州造"也将越来越广为人知。

今天的杭州，对自身的发展要求越来越高，身处"标兵渐远，追兵渐近"的严峻形势下，如何在越来越激烈的城市排位赛中保持身位？杭州还需继续发扬由市场经济塑造的可贵的创业精神，拉长长板、补上短板，实现数字经济与工业经济的相融并进，这样才能让更多的人爱上杭州——是因为西湖，也必将不止西湖。

共创新生时代的"爆城"

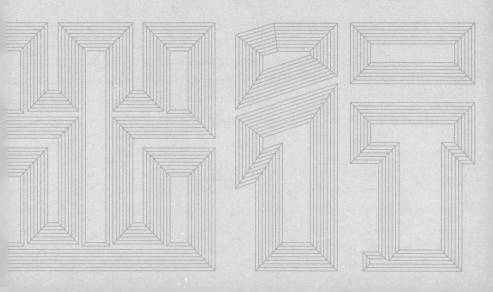

新时代的鼓点:
汽车"新四化"与粤港澳大湾区

广州涅槃

如果我们回看广东的汽车发展史就会发现,尽管它的汽车工业一开始并没有那么辉煌,多年来都像是鸡肋,可有可无,但身处改革开放浪潮的前沿,它还是尝到了合资的"头口汤"。1985年3月15日,广汽的前身——广州汽车厂,与中国信托投资公司、法国标致汽车公司、国际金融公司、法国巴黎国民银行等5家股东在广州花园酒店正式签约,成立了广州标致汽车公司(GPAC),主要生产标致505车型。这也是中国汽车工业在北京吉普、上汽大众之后的第三个合资项目。因为当时汽车市场上好车很少,加上限量供应,标致一出生便成了"躺赢"的代表。尤其是投产的广州标致 505SW 旅行车，因为可以坐 8 个人，车型和性能正好契合当时"公检法"用车的需求，所以立马取得了很好的销售成绩，没有关系还买不到。1991 年 11 月，广州标致还赞助了首届女足世界杯。在当时的广州，标致的市场占有率达到 16%，它的狮子标识与奔驰、宝马齐名，可谓风光无限好！然而 9 年之后，广州标致却从顶峰跌落到了谷底，从一车难求变成一车难卖。追本溯源，这与国内市场竞争加剧有关，但更重要的原因在于法方高高在上的经营理念——老是拿旧车型对付国人，以及为了垄断零部件生意不允许使用国产零部件，造成维修成本高昂，这无疑在让消费者"用脚投票"。最后，没有鲜花、没有掌声、没有庆祝的香槟，甚至连一张合影也没有，在负债近 30 亿元之后，标致以 1 美元的象征性价格，出让了自己在中国的股份和债务，"接盘侠"是来自日本的本田。此后经过重组，1998 年 7 月 1 日，广州本田汽车有限公司正式成立。

虽然有人前赴后继，但是广州标致的失败，还是挫伤了广州汽车工业发展的积极性，也让外界对广州发展汽车产业戴上了有色眼镜。

广汽集团董事长曾庆洪选择了"迎难而上"。熟悉他的人都知道，他虽然表面谦和，但本质强势，快人快语，时刻掌握主导权。在公司决策意见不合时，即使在公开场合，他也敢于对日方板脸。这让广汽本田成为当时除上汽通用以外，仅有的双方话语权平等的合资汽车公司。

在经营管理上，曾庆洪坚决采取"小投入、快产出、滚动发展"的思路，"边生产，边改造"。这一举动帮助广汽本田很快实现了万辆即盈利的创举。

在外界看来，这种滚动生产正是这块改革开放前沿阵地以市场为导向的理念的体现。它一改当时汽车工业以供给为导向的弊端——忽视实际需求，结果造成产能浪费、建而不产、建大产小等诸多怪现象。1992年，国内有一家合资企业投资130亿元人民币，一直到1999年才开始盈利，年产量仍不到5万辆。

当然，广汽本田之所以能在广东成功，也是由于当地对日系车特有的钟爱。改革开放后的珠三角创新又务实，人们喜欢务实耐用、最好油耗低一点的车，本田无疑正符合他们的要求。另外，在临近的香港，日系车也是主流。它的汽车文化通过粤港互动，让广东深受影响。当内地的众多消费者接触的顶多只是普桑时，日系皇冠、佳美、大霸王、公爵王、雅阁等进口车，已跑遍广东的街头。

这也让广汽在与本田合资之后，又在2004年9月牵手丰田。当年投产，当年盈利。广汽丰田和广汽本田也就此成了广汽集团绝对的销量担当和"利润奶牛"。而在广州开疆辟土的东风，则在2003年与日产相拥。这也标志着以广州本田、东风日产、广州丰田为基础的广东汽车工业大布局完成。

它们的到来，也带动了广东的汽车零配件产业急速发展。日立优喜雅、电装、提爱思、斯坦雷等日本知名汽车零部件企业都在穗投资办厂，丰田家族核心企业丰田工机、爱信集团等，也分别在顺德、南海等地落户。在广东，一个日系汽车产业集群已经崛起了。

2005 年 2 月 28 日，广汽本田迎来了第 50 万辆轿车下线。这一年，广汽本田累计产销轿车 23 万辆，比 2004 年增长 13.9%。虽然广汽本田在国产乘用车市场占有率为 7.4%，但实现销售收入 360 亿元，同比增长 9.1%。这也很快改变了曾庆洪的职业生涯。

2006 年，中国农历狗年，距离新能源汽车爆发的下一个狗年还有一轮，徐留平空降长安担任总裁，打算要待个四五年；徐和谊正式执掌北汽帅印，摆在他面前的是净资产接近负数、仅对外已形成债务的担保就超过 40 亿元的企业。

如果说市场化的大潮让这些带有国企色彩的车企备受冲击，那么，李书福在这一年感受到的焦虑却是，吉利赖以生存的"低价制造"开始失去市场。这也意味着，自主品牌在当时唯一一个可以叫板合资品牌的优势也在逐渐丧失。企业何去何从，成为一个难题。

这一年，在广本待了 7 年有余，几乎成了国内汽车合资公司在任时间最长的中方老总的曾庆洪，被调任广汽股份副董事长兼总经理。更高的平台让他有了更大的发挥空间。

一方面，从本田和丰田身上，他看到了合资给广汽带来的脱胎换骨，这让他坚定了将这条路走下去的决心；另一方面，在开创性地探索和实践了多种合资合作模式的基础上，他又开始谋划自主创新，启动自主品牌建设，并定下了"自主＋合资"双核驱动的跨越式发展战略。

为此，广汽在与日野、菲亚特、三菱相继合资的同时，又先后成立广汽研究院和广汽乘用车公司，并推出自主品牌传祺。该品牌通过整合丰田生产方式、本田精益管理模式，融合岭南文化精致细腻的特点，对生产、物流及装配方式进行优化，着力打造广汽生产方式。2010 年 12 月，首款车传祺 GA5 轿车成功走向市场，随后广汽陆续推出多款车型。2017 年，传祺年销量达 50.86 万辆，同比增长 37%。

至此，广汽形成了以广州为中心，以华东、华中为两翼，初步辐射全国的产业布局，拥有整车、研发、零部件、商贸、金融五大板块的完整产业链；并形成自主系、日系、欧美系三足鼎立的资本、产品与品牌格局。

与此同时，随着北汽在 2010 年到了广汽的地头，于增城建设华南基地，曾在广州宣布其"南方战略"的大众又在这一年将南方新厂锁定在南海狮山，广州至此"脱胎换骨"。在相继拥有以增城、黄埔为代表的广州东部汽车产业集群，以番禺、南沙为代表的南部汽车产业集群，以花都、从化为代表的北部汽车产业集群之后，广州一举从原来汽车产业相对落后的城市，转变成为国内最大的汽车生产基地之一。

这也推动着广州的汽车产量急速提升，从 2012 年的 138.4 万辆蹿至 2017 年的 310.8 万辆，年均复合增速 17.6%，高于全国平均水平 5.9%；占全国汽车产量的比重由 2012 年的 7.2% 提升至 2017 年的 10.7%。2017 年，广州整车产量规模在国内特大汽车城市中排名第一，广州汽车制造业工业总产值达 5142 亿元，占广州市规模以上工业总产值的 28.5%，同比增长 17.4%，其中零部件制造业产值达 1364 亿元，同比增长 14.4%。①

尽管在 2000 年以后，深圳超越广州成为广东省 GDP 第一的城市，并在随后的十几年内将差距逐渐拉大，但在汽车产业、制药、石油化工、电网等工业上的积淀，让广州在面对深圳时依旧能保持一定的心理优势。

深圳卡位

此时的深圳，尽管和它那年轻的历史一样，在汽车产业上没有什么深厚的积淀，但好歹也有一家品牌声势日隆。

它就是王传福为"建设你的梦想"而打造的比亚迪。和李书福一样，这两个名字中带"福"字的人，在造车上都是半路出家，且都对造车怀有极大的梦想，并深信它的未来。"当我发现比亚迪也有做汽车的市场机会时，我冲上去都嫌慢，我要扑过去。"这段"头脑发热"的宣言曾一度吓坏了比亚迪高层。谁也想象不到，在王传福那副很典型的理工科"书呆子"外表下，却藏着一颗蠢蠢

---

① 《广州市汽车产业 2025 战略规划》，广州市人民政府办公厅，2018 年 3 月 29 日。

蠢欲动的冒险心。

事实上，即使不造车，王传福也不失他作为技术极客的伟大。他抓住了工业化、数字化时代对电池的热求，通过各种技术创新，让比亚迪成为电池界的"大拿"，也帮助自己在2003年以资产3.28亿美元登上《福布斯》中国富豪榜，位列第13位。

万事皆有因果。今天，当我们看到比亚迪在新能源汽车领域虎虎生风时，你会发现，如果王传福不是自信拥有电池这一电动车制造的核心技术的话，他大概不会一时头脑发热。这也就像李书福在造车之前，其实已经在摩托车制造领域经营多年。没有一定的铺垫，很难想象他们怎么会突然之间就对汽车有了想法。

尽管手机和新能源汽车都需要电池，但造手机和造汽车还是两个截然不同的领域。何况那个时候的新能源汽车，还基本上是想象中的概念。街上依旧是广汽、上汽及大众等传统燃油车的天下。中石油、中石化依旧在各地布局加油站，并借此赚得盆满钵满。所以，当王传福为了进军汽车产业，打算收购原中国兵器工业总公司旗下的一个军工企业，也曾是中国引进铃木奥拓项目的4个汽车厂之一的陕西秦川汽车时，听闻消息的香港机构投资者表现得异常惊讶、不解甚至是愤怒，一时间，各种质问的电话几乎把王传福的手机打爆："王总，我们就是要抛你的股票！抛死为止！"电话那头几乎是叫喊的声音，让站在王传福旁边的下属也听得清清楚楚。比亚迪的股价顿时从每股18港元急跌到了9港元多，它的市值也在几天之内蒸发掉30多亿港元。但是王传福依旧"执迷不悔"。

同样是在这一时期，大洋彼岸也出现了类似的新动态：马丁·艾伯哈德（Martin Eberhard）和马克·塔彭宁（Marc Tarpenning）共同创立了一家美国电动车及能源公司，次年，埃隆·马斯克进入公司并领导了 A 轮融资。创始人将这家公司命名为特斯拉汽车（Tesla Motors），以纪念物理学家尼古拉·特斯拉（Nikola Tesla）。从某种意义上来说，它的诞生开启了全球纯电动汽车的潮流，伴随着全球互联网浪潮及技术革新的步伐，进一步推动了以"电动化、互联化、共享化、智能化"为主的汽车"新四化"成为新一轮"马路革命"的重要内容。不过，等到它发布自己的第一款汽车产品 Roadster 时，已是 2008 年了。

不出意料，比亚迪也经历了无数周折。尽管很快就推出了带比亚迪色彩的 F3，但直到 2010 年 3 月，它才生产出了全球首款不依赖专业充电站的双模电动车 F3DM。这是一款可以在纯电动和混合动力之间切换的汽车。但不幸的是，这款车上市一年仅卖出 300 多辆。

有媒体这样描述："在深圳坪山的总部，王传福每天驾驶着 F3DM 上下班，孤独地开启了中国汽车行业电动化的序幕。"不过，在比亚迪推出纯电动车型 E6 之后，王传福又一度高调宣称，E6 就是自己每天的座驾。

比亚迪正是这样孤独的先行者。当时的国内市场除了比亚迪，几乎没有多少新能源车的影子。李书福曾经说过，造车早 3 年不成,晚3年也不成。这对比亚迪也同样适用。即使有巴菲特的加持,公众依旧没有被培养出使用新能源车的习惯。

1999年7月,何小鹏还在华南理工大学读书,曾庆洪就已是广州广客汽车集团有限公司副董事长兼常务副总经理了。但曾庆洪放着"好日子"不过,偏偏来到广汽本田,面对一座正在改造的厂房,和"广州能不能搞汽车工业"的质疑。多年后,当何小鹏加入新势力造车的阵营时,他从特斯拉和比亚迪的身上看到了创新者的不易,也懂得了如何耐住自己的性子去坚守——不花个几年时间就想在造车上有所成,简直是痴人说梦;同时,他还渴望更多的人加入这个共同的阵营,尽管这样看上去多了不少竞争对手,但市场需要大家一起来培育。

今天,当我们回头看王传福、曾庆洪等"汽车人"的成功时,会感悟出以下几个道理,那就是想成就自己,一是要不甘安于现状,二是要认准方向,坚定不移;更重要的是,得拥有自己的核心技术,打造自身独特的竞争能力。当然,所有的成功都是天时、地利及人和的结合。曾庆洪抓住了合资的机遇,并因地制宜;王传福则顺应了科技、环保、创新的理念和新能源的发展趋势。

2012年,《节能与新能源汽车产业发展规划(2012—2020)》出台。该规划提出,要因地制宜发展替代燃料汽车。让王传福感受到双重利好的是,这不仅是国家层面的能源战略,同时也是深圳面对未来所要认真思考的方向。

"过去30年,中国经历了人类有史以来速度最快的城市化进程。"《探索与争鸣》杂志于 2018 年刊发的文章《深圳和比亚迪的崛起——一个中国企业如何引领城市绿色交通可持续发展》如此写道:"根据中国政府的官方数据,永久性城镇居民人口从 1978 年的 1.7 亿增长至 2013 年的 7.3 亿,城市居民比例从 17.9% 上升至 53.7%。1978 年,中国仅有 193 座城市。如今,中国城市数量已超过 700。大城市数量增长越来越快。从 1978 年到 2010 年,中国常住人口 1000 万、500 ～ 1000 万、300 ～ 500 万、100 ～ 300 万及 50 ～ 100 万的城市数量从原本的 0 个、2 个、2 个、25 个和 35 个增加到 6 个、10 个、21 个、103 个和 138 个。"这种城市的扩张有很大一部分原因是人口迁徙,"大规模人口涌入城市使得对能源的需求大大增加。为了满足这一需求,中国不得不依赖化石燃料的燃烧,其中煤炭燃烧释放的能源占总能源生产的三分之二。雇用着几千万打工者的数百万大中小工厂,全部是靠煤炭燃烧运作的。在大城市中,数百万的中产阶级拥有私家车。新车数量的不断增加导致对汽油的需求上升,使得中国石油进口和消费需求居高不下",而"如此大规模的碳排放对大气层来说是致命的"。

深圳也同样深受其害。40 多年前还是一个小渔村的它,在成为中国第一个经济特区之后,走上了让西方人都由衷感叹的发展之路。"20 世纪 80 年代,深圳打破纪录,以平均两天半建好一层楼的速度建造一座摩天大楼。那个时候,深圳的居民不足 10 万。现在,深圳是一座大城市,常住人口约 1200 万,加上几百万的流动人口，深圳总人口大约 2000 万。"但爆炸式的发展也让深圳在辉煌之后，不可避免地经历了经济增长的痛苦，遇到诸如土地限制使用、劳动成本不断上升、水资源和能源短缺及日益严重的环境污染等问题。"2005 年，深圳市政府规划城市未来，实施新的战略，应对经济发展和环境所带来的挑战。自那时起，深圳限制土地使用权，提高最低工资至各大城市中的最高水平，通过关闭重污染工厂如染料厂、造纸厂、制革厂和电镀厂，来提高环境水平。"

对城市环境和生态的关注，伴随着土地和劳动成本的上升，引发了一些资本撤退的现象，让深圳很快进入了发展的阵痛期。但这也有好处，那就是为后来的产业结构的成功调整提供了契机。今天的深圳，与广州及中国其他工业化城市的区别就在于，它在一定程度上跳过了它们经历过的传统重污染的工业化过程，把重心转向了高科技产业，以创新驱动发展。与此同时，它也让主打新能源车的比亚迪，成为这座城市的新宠。

王传福似乎看到了黎明的曙光。比亚迪 E6 率先成了深圳市的出租用车。2010 年 5 月 17 日，30 辆零排放比亚迪 E6 纯电动出租车在深圳交付使用。这也帮助深圳成为中国首个运营电动出租车的城市，也是全球首个正式运营电动出租车的城市。到 2017 年 12 月 7 日，深圳市交通运输行业的龙头企业——深圳西湖股份又与比亚迪签署 3191 台纯电动出租车采购协议，标志着深圳出租车全面电动化已驶入快车道！

除了出租车，到 2017 年年底，比亚迪还帮助深圳公交实现 100% 纯电动化（除保留少部分非纯电动车作为应急运力外）。值得注意的是，在所有这些纯电动公交车中，90% 以上都来自比亚迪。

尽管一开始在私家车领域遇冷，但比亚迪在出租车及电动公交车上的表现，让它逐渐得到了市场的认可和信任。王传福甚至用秦、唐、宋来命名自己的轿车。这其中既透出对产品的骄傲，也寄托着他要造雄大"帝国"的野心。

让比亚迪更为硬气的是，汽车发明者梅赛德斯—奔驰也选择了与它进行合作，而且在合作过程中，比亚迪一反中国此前诸多的合资车企"拿市场换技术"的弱势地位，首次拥有了完全的"技术话语权"。在它们联袂打造的全新纯电动豪华 SUV 车型腾势 Concept X 中，由中方（比亚迪）提供核心技术，外方（梅赛德斯—奔驰）提供设计、制造工艺和经销商网络。

尽管只有一个比亚迪，还不足以让人相信中国汽车品牌就此崛起，但借新能源汽车大潮实现"变道超车"，成了比亚迪乃至整个深圳都期待的场景！

对于快速成长的深圳来说，它需要比亚迪，这不仅在于王传福是技术和管理能力兼具的企业家，他有理想、懂创新，他的理念符合深圳精神，还在于比亚迪可以帮助城市变得更好。数据显示，2017 年深圳空气质量优良天数增加至 354 天，居内地城市最优水平，"深圳蓝"已成为深圳的靓丽名片。更重要的是，比亚迪能帮助深圳在进一步发展过程中实现有效卡位。

在发展新能源汽车上，深圳还有着不可否认的优势，那就是日益发达的电子产业——如比克电池、航盛电子、星源材质、大地和电气、蓝海华腾、普天新能源、贝特瑞、特尔佳、长河、汇川等一大批新能源汽车关键零部件和核心材料生产企业迅速成长，帮助新能源汽车制造产业形成较为完整的产业链。此外，2001 年创立于深圳的格林美也迅速发展成为锂电池回收的龙头企业。

不过，深圳迎来的更大牌的新能源产业"独角兽"，还是宁德时代——2018 年 6 月 11 日，它在深圳证券交易所挂牌上市，成为继广生堂药业、三祥新材之后，宁德市第三家上市民营企业。上市首日涨停，涨幅达 44%，报 36.2 元 / 股，市值达 786 亿元，超过智飞生物，成为创业板第二大市值个股，也成为当年国内第三家、福建省首家 A 股上市的"独角兽"企业，创下了新能源产业发展的"时代速度"。它之所以如此受宠，除了风口、政策保护及坐拥新能源汽车第一大市场外，还因为它手头拥有能量密度更高、代表着更远续航能力的三元锂电池这张王牌，这使它的业绩就像踩上了"风火轮"。2017 年，宁德时代的动力电池出货量增长 73%，达到 11.8GWh，一举越过松下，拿下行业全球第一的位置。从更能反映市场占有率的动力电池装机量来看，2017 年宁德时代的动力电池装机量为 10.4GWh，一家独占近三成市场，一举成为新的行业"一哥"。而被它挤下龙头位置的正是比亚迪。

尽管起家很早，但比亚迪在三元锂电池上跟进较晚，而且其生产的三元锂电池在乘用车市场仅仅供应自家车辆，导致其错失了更大份额。2017 年，比亚迪和沃特玛分别以 5.43GWh 和 2.33GWh 排名第二和第三位。

虽然力压深圳本地企业，但随着宁德时代首次公开募股（IPO），它的"朋友圈"也显露无遗。2015—2017 年，连续 3 年成为宁德时代第一供应商的正是深圳科达利，格林美则在 2017 年位居第二。

然而，当深圳逐渐形成特点鲜明的新能源汽车产业体系时，广州还陶醉于三大产业集群带来的明星效应而无法自拔。

尽管日资帮助广州发现了自己在汽车上的"才华"，但也限制了它做出新的选择。汽车产业研发活动几乎全部在日本，核心技术几乎全部由日方掌握，这一切都成为制约广州新能源汽车产业发展的瓶颈问题。

此时的广汽，一半无奈、一半幸福地焦虑于广汽传祺产能跟不上销量的问题，竟一时无暇他顾。

飞落羊城

2017 年，何小鹏终于走到了前台。从阿里荣誉退休还不到 7 天，他就向外界宣布造车，正式成为新造车势力中的一员。

尽管在相当长一段时间内，他都不曾觉得特斯拉是一家很牛的公司。那个时候，他还沉浸于自己在 2004 年创办的 UC 业务中，还没意识到汽车的世界正在发生翻天覆地的变化。但是，一次试驾，彻底改变了他对特斯拉甚至是汽车未来的认知。加速度很快、基本不用踩刹车、自动泊车、更安静的车内环境，让他在体验之后，有了做件大事的想法。

尤其是在阿里宣布并购 UC 两天后，马斯克又宣布，将对外开放特斯拉所有 228 项专利，鼓励其他企业开发电动汽车。这让何小鹏隐约感到，特斯拉的开源在中国将成为一个颠覆产业的事件，这或许就是他寻找的另一条赛道。

2014 年，何小鹏就着手寻找志同道合的人，并组建团队。在清华大学时，曾多次参加清华大学校园歌手大赛，并获得"最佳原创""最佳人气"等奖项的夏珩进入了他的视野。事实上，夏珩学的是汽车工程专业。毕业之后，他加入的正是曾庆洪创办的广汽研究院。2012 年，他晋升为新能源中心控制科科长，成为广汽研究院最年轻的科长，主导广汽新能源汽车及智能汽车控制系统技术开发和多款车型项目管理工作。只是，广汽在新能源上"起了个大早，但赶了个晚集"。日后，夏珩将何小鹏称为小鹏汽车的"大天使"，因为如果没有碰到何小鹏，他和何涛、杨春雷还在广汽体系内按部就班地工作。

在何小鹏的牵线下，俞永福、YY（欢聚时代）创始人李学凌、猎豹移动 CEO 傅盛、腾讯高管吴宵光等多位互联网"大佬"一起出了天使投资资金，小鹏汽车创立。

小鹏汽车"出生"的地点，是广州的一家民房。因为夏珩和其他同事经常从早到晚研发和开会，结果还被附近的邻居投诉有人在搞传销。2014年11月，公司迁往广州大学城北亭广场，在那里，小鹏汽车有了第一个改装车间；在那里，第一台骡车也就是汽车研发阶段的测试车下线。2016年，研发中心迁往广州高新技术产业开发区。2018年7月16日，小鹏汽车正式搬入位于天河的研发总部。

很多创业公司的发展都伴随着多次搬家。每次搬家，也是下一个更大改变的开始。而在小鹏汽车的搬家过程中，它始终没有搬离广州。

对何小鹏和夏珩来说，广州几乎等同于他们的第二故乡。他们在这里生活，也在这里创业。尤其是何小鹏，除了学生生涯在这里度过之外，人生的第一次创业也是在广州。甚至，他还在这里遇到了自己的贵人。丁磊——这个在1997年创办网易的宁波人，尽管一度将网易北迁，但是在2005年，他还是出于战略性考虑，将网易的部分业务迁回广州。也正是他，看到刚刚创业的何小鹏团队还没有正经的办公室，就约他们出来喝酒，豪爽地把自己在网易的办公室借给了这个"潜在的竞争对手团队"。南国的开放氛围，以及被这氛围浸染的人，及其培育出的互联网文化，给了何小鹏最初立足的幸运。

留在广州，绝不仅仅是因为情怀，更是出于现实的考量。尽管新能源产业在国家政策的催化下快速推进，但大浪淘沙，让很多传统公司不适应，也让何小鹏他们这些造车新势力置身被批判的聚光灯下。但他们在"反怼"外界批评的同时，也需清楚地认识到，在中国百来年的汽车发展史上，每个时代都有很多新势力，就像当年计算机刚出来的时候，有了电喷系统，淘汰了很多老的造车公司，所以他们无须对此有心理负担。

另外，汽车产业作为历经百年的工业，有基本的规律需要遵循。与看重长板的互联网行业不同，造车需要综合发展，不能出现短板。首先，在汽车企业的组织体系中，它要经历研发、生产、销售及售后这些"全流程"，不能像互联网那样"跳跃"着做。

其次，在生产工艺上，尽管新造车势力不必像传统车企那样，需要紧盯发动机、变速箱，但是冲压、焊装、涂装、总装这四大工艺一个也不能少；另外，新能源汽车还多出了三大件——电池、电机、电控，以及三小件——电空调、电刹车、电助力。不管是自己研发还是别人支持，它都需要一个好的产业链条。

对何小鹏来说，他之所以能在广州继续成就自己，也需要感谢他的校友——曾庆洪。正是曾庆洪和诸多汽车界同仁的努力，为广州打下了深厚的产业基础。

今天的小鹏汽车，走的是"守正出奇"的路线。稳健，注重制造的品质，以及重视与传统制造业的跨界融合。

浸淫互联网多年，血液里流淌着互联网基因的小鹏汽车，同样追求快速迭代的落地能力。这是"奇"一，但更奇的是"奇"二，那就是它认为，单纯的新能源汽车绝不等同于下一个汽车时代，智能网联汽车才是未来汽车的真正分水岭。

2018 年年底，黄少堂从广汽研究院首席技术官一任上加盟江铃汽车股份有限公司，出任首席技术官兼总裁助理，他对此也深有同感。他在 1985 年就开始为通用汽车服务，在汽车电气和新能源领域钻研了 20 余年，也是通用汽车最早的电气专家。在他看来，中国汽车工业提"弯道超车"这个词好多年了，不管是企业还是国家，都在积极努力，但能否依靠新能源超车，似乎还有待确认。因为新能源汽车还是汽车，只不过将传统动力变速箱换成了电机、电池和电控（三电）系统，最终还是要解决汽车动力学问题，还是要开发车身外观、内饰，所以并不是一个全新的东西。国外的车企在这方面积累太多了。最主要的是，汽车的供应链系统基本没有什么变化，要改变这一局面很困难。

但是智能网联汽车就不一样了。中国和西方基本上同在一条起跑线上，关键是，在互联网方面，中国的发展速度一日千里，体现在后台云端、通信行业上，有些甚至已经超前，领先于国际。而且，在车联网、自动驾驶等领域，还没有哪一块是完全被外国人控制住的。这也让中国的汽车工业看到了未来的希望。

更重要的是，相对来说，新能源汽车产业主要体现的是制造的变革，落脚点在"车"，而智能网联汽车注重的则是用户出行的体验，落脚点在"人"。它涉及的是未来增长速度最快、最具想象空间的产业领域——智慧出行。它也是汽车从工具向生活方式演变的终极目标。

从成立之初，小鹏汽车就把自己定义为"有互联网基因的电动智能汽车"。它希望通过"电动 + 智能"双引擎驱动，在市场竞争中获得更强劲的原动力和市场表现。

在它看来，如果还停留在单纯以新能源 / 纯电动为赛道，就好似 GPRS（通用分组无线服务技术）时代的手机厂商，还在拼命打造塞班系统，注定会被时代淘汰。

它还在警惕，所谓智能，并不是智能配置的叠加，不是搭载某些智能感应配置，就可以称自己是智能汽车的。就像采用塞班系统的手机能上网、能下载、能发邮件，但那并不是智能手机。对小鹏汽车来说，它眼中的智能，是全面打通可远程升级、安全、数据化的可运营硬件和软件的平台。未来的小鹏汽车，还将是一个可流动的数据平台。

另外，智能一定要本土化，要做适应中国特色的智能汽车。在它眼里，谁更懂中国的消费者，谁能够把中国消费者的习惯培养得更好，谁能够对中国的路况、城市、交通理解得更深刻，反应更快，谁就有可能占领市场。

这也决定了自主研发在小鹏汽车培养核心竞争力中的重要地位。而自主研发有两个关键点：其一，是否定制或自研操作系统；其二，是否自研自动驾驶。中国很多整车厂在这两点上还是以合作和集成为主。但小鹏汽车认为，硬件可以有很多合作伙伴一同开发，但有些软件一定要自己研发，这样才可能满足中国的智能汽车生态用户的需求，进而走向全球。

今天的小鹏汽车，在研发上投入的比例特别大，除了广州，它在北京、上海、美国的硅谷和圣地亚哥都有研发团队。目前公司员工超过 4000 人，研发人员占比 60%。这其中又有 60% 的人员专注于整车研发，30% ～ 40% 的人员负责 AI、自动驾驶和互联网研发。

也正是因为追求以自动驾驶和智能网联为核心的差异化，小鹏汽车落户广州，使得它的未来发展更意味深长。

尽管在多年的发展过程中，广州乃至珠三角的互联网创业氛围一直拘泥于具体业务，缺乏战略思考及讲故事和打造品牌的能力，但是情况正在好转。尤其是尽管腾讯扎根深圳，但微信选择了广州。尽管这其中就像阿里落地杭州那样，有创始人的因素和缘分在，但不可否认的是，微信的入驻，让广州的创新色彩更加浓厚了。马化腾曾经说过："广州是微信的总部，所以微信很多创新的东西，都在广州先行先试，比如我们现在天天用的移动支付、乘车码，都是在广州试水成功之后，向全国推广的。"除此之外，围绕着微信周边，珠三角已经汇聚起了一大批创业者和投资人。

这无疑是小鹏汽车选择广州的一大利好。因为要在智能网联方面下功夫，除了有产业基础，最起码还得保证身边有这样一批高质量的"码农"。

除了互联网，广州所在的珠三角还在不断发生着更重要的"工业变革"。比如美的集团以 292 亿元收购全球四大机器人公司之一的库卡集团，成为库卡的最大股东；华为、OPPO、vivo 在智能手机市场上的快速崛起，让珠三角的手机产业也成为全球亮点。以前，人们常用"广深塞车，全球缺货"来形容 PC（个人电脑）时代珠三角制造的地位，而现在，全球每 6 部手机中就有 1 部来自东莞。中国航空产业的进步也与珠三角有关，2017 年 4 月 29 日，世界上最大的水陆两栖飞机 AG600 在珠海成功完成首次地面滑行试验。

这不禁让人感叹，以前生产鞋子袜子、组装电脑空调、给人贴牌代工的珠三角，在科技的指引下，短短 10 年时间，已经拥有了做手机、造飞机、研发机器人的能力。从某种意义上来说，正是这种良好的创新环境，让小鹏汽车乐在其中。

更重要的是，作为老牌重工业生产基地，广州在进入 21 世纪之后也面临过度膨胀、交通拥堵、环境污染的问题，同样需要汽车产业的转型升级。2014 年，广州的新能源汽车增加的产值只有 26.87 亿元，仅占 GDP 总量的 0.16%、汽车产业的 0.8%，远远地被深圳甩在了身后。这让广州在感受巨大压力的同时，也让它明白了尤其需要像小鹏汽车这样的造车新势力，为自己在未来的竞争中找到立足点。

就在小鹏汽车于 2016 年 9 月 13 日在北京朝阳公园马术俱乐部发布旗下首款纯电动车的 Beta 版车型前后，广州当地政府便已经把小鹏汽车列入明星创业项目，提供近万平方米的免费厂房及千万元的科技基金支持。

广州政府的做法，既极大地拓展了小鹏汽车的生长空间，也和小鹏汽车一起搅动了"一池春水"。

三箭齐发

2017 年年底，广汽放出了一个大招：与上海蔚来汽车有限公司合资成立广汽蔚来新能源汽车有限公司。双方将在智能网联新能源汽车产业技术研发、零部件生产、运营等方面展开合作。

这让广州当地的自媒体感觉到有些失落，它们本来期待的是广汽与"同根同源"的小鹏的合作，最终看到的却是蔚来杀到了小鹏的老巢，"是对另立门面的小辈，有一种天然的傲慢"？

"中国汽车产业正处在新旧动能转换的变革时期，'四化'是行业发展大势所趋。"2016 年升任广汽集团党委书记、董事长的曾庆洪斩钉截铁地说，"广汽集团作为广州市国企龙头，是在改革开放的浪潮中诞生和成长的，也必将在变革中成长。"

尽管比起何小鹏这样的造车新势力，1961 年出生的曾庆洪几乎属于"老一辈"，但是他从来没有停留在过去的成就之上，而是在向新时代努力看齐的同时，还不停地为自己充电。1997 年 9 月至 2000 年 7 月，他曾是广东省委党校经济管理专业研究生。即使日后工作很忙，他还是在华南理工大学管理科学与工程专业读了一个博士学位。

还是在同一年（2017 年），广汽为了适应变革，专门成立了广汽新能源公司，专注于新能源汽车的研发、制造和销售。这是一个不一样的造车新势力，在传统汽车集团旗下，基于全新开发的纯电动专属平台，向市场推出新能源汽车。

为了给这份事业求得一个合适的发展载体，广汽还将打造广汽新能源智能生态工厂作为"集团一号工程"。从2017年9月这座总投资47亿元、位于广州番禺、占地面积约47万平方米的生态工厂打下第一根桩，到次年12月正式竣工，只用了15个月。由于拥有钢铝车身柔性生产、数字化自主决策生产、深度互动式定制生产和全球首个能源综合利用生产四大全球领先优势，它被看作是代表了广汽智造的新高度。

更让人对广汽突破自身局限充满想象的是，新能源公司的总经理古惠南，本是燃油发动机的技术专家，现在却要造一个不需要发动机，甚至要"革"发动机的"命"的汽车。

在新成立的广汽蔚来，古惠南和广汽研究院院长王秋景同为蔚来董事，此外，广汽方面还委派王秋景为副董事长，廖兵为广汽蔚来总经理。至于董事长，则由蔚来的创始人李斌亲自担任。而蔚来汽车产业发展副总裁张洋，则为广汽蔚来董事。可以看出，在董事会构成上，两方各自对应。更让人意外的是，广汽方与蔚来方各持股45%，其余10%由公司团队持股。由此也可以看出，双方的合作不同于一般意义上的"合资公司"模式，没有谁硬压过谁的意思。在官方的定义上，双方更愿意将它称为"合创"。

从这种"合创"中，既可以看出广汽作为汽车界的"大佬"，面对新时代所应有的虚怀若谷的姿态，同时，这种"合创"也有助于"老树"开出新花。此外，蔚来也能在纷繁的压力和冲击面前，找到踏实的依靠。此前在与全球最先进的电动车车企特斯拉对标时，李斌便认为，中国的造车新势力并不是毫无优势。因为电动汽车需要依赖更本地化的服务、更本地化的基础设施和更本地化的数据。在他看来，未来电动车的竞争其实不是比拼技术和全球研发能力，更重要的是比拼谁有本地化的服务能力。而广汽所在的广州乃至整个珠三角，在这方面的优势遥遥领先。

除了联手蔚来，广汽还在接下来的一年里加入了对宁德时代的争夺战。宁德时代在动力电池上的优势，让它成了各大车企眼中的香饽饽，广汽也在极力追求与宁德时代的联姻。2018 年 7 月 19 日，广汽与宁德时代正式签约，成立"广汽时代动力电池系统有限公司"和"时代广汽动力电池有限公司"两家合资公司，共同开发生产电池和电控系统。

面对广汽的"咄咄逼人"，小鹏汽车也不会那么轻易地被干趴下。就在广汽与蔚来合资的同一天，小鹏汽车通过官方微信公众号发表了《何小鹏致全体员工的一封信》。信中，何小鹏代表公司，许下了增投资、扩团队、发量产、搞营销这四个承诺。

对于这种竞争，广州显然乐见其成。更多新势力的加入，无疑让它的发展增加了一份动能。而竞争又让每个企业都不敢松劲。甚至，广州还为这些竞争"添油加醋"。

包括小鹏汽车在内的车企注意到，这两年广州密集地出台了一些相关措施，比如相继印发实施了《广州市近年来新能源汽车发展情况及 2018 年工作计划》《2018 年上半年我市新能源汽车发展工作情况及下半年重点工作》《广州市推进新能源汽车发展若干意见》《广州市落实〈广东省人民政府关于加快新能源汽车产业创新发展的意见〉实施方案》等政策文件，可以说为广州发展新能源汽车打开了"绿色通道"。①

在促进消费方面，《广州市完善促进消费体制机制实施方案（2019—2020 年）》提出，要促进汽车消费优化升级，新能源汽车的消费至关重要。具体措施包括继续实施新能源汽车车辆购置税优惠政策、完善新能源汽车充电设施标准规范等。②

"当前，新一代信息网络、新能源、新材料等技术与汽车产业相互融合，驱动产业生态深刻变革，汽车产业生态和竞争格局面临重构。汽车产品加快向低碳、电动、智能化方向发展，汽车正从单纯的交通工具转变为大型移动智能终端、储能单元，汽车生产由过去的大批量流水生产向充分互联协作的智能制造演进，个性化定制将成为未来发展趋势，智能交通、共享出行、个性化服务成为重要方向。"广州市人民政府印发的《广州市汽车产业2025 战略规划》指出，"这对广州汽车产业既是挑战，更是机遇。"

---

① 《广州新能源汽车产业如何领跑大湾区？》，黄舒旻、朱伟良，《南方日报》，2019 年 6 月 14 日，第 GC01 版。

② 《广州新能源汽车产业如何领跑大湾区？》，黄舒旻、朱伟良，《南方日报》，2019 年 6 月 14 日，第 GC01 版。

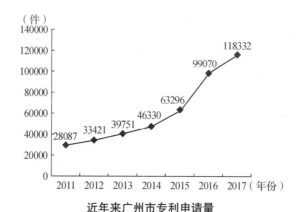

（件）

近年来广州市专利申请量

[来源：《广州市国民经济和社会发展统计公报》（2011—2017 年）]

因此，在接下来的几年内，广州把"巩固发展优势，打造世界知名汽车品牌""推进智能网联新能源汽车产业化，引领产业转型升级""坚持创新共享，提升核心竞争力""加强整零协同发展，实现关键核心零部件突破""延伸产业价值链，构建后市场良性生态圈""完善产业布局，打造国家汽车制造业基地"及"深化开放发展，打造国际化产业中心"作为汽车产业发展的重点任务。

相较于深圳的新能源推广目标——2017 年公交车 100% 纯电动化，2018 年出租车 100% 纯电动化、新增充电桩 1.8 万个，2020年物流车 50% 纯电动化、中心区充电站服务半径小于 900 米；广州更是雄心不小——争取到 2025 年，广州市新能源汽车产能达100 万辆，进入国内前三位，智能网联汽车实现产业化并达到高度自动驾驶水平（L4），驾驶辅助水平（L1）、部分自动驾驶水平（L2）和有条件自动驾驶水平（L3）新车装配率达80％，智能网联汽车进入世界先进行列。

"深圳一直在和广州争夺华南中心城市的位置，各个产业都在争夺，特别是在国家战略性新能源汽车的发展上，两个城市也暗暗较劲。"有文章如此描述华南电动汽车产业暗战，"过去几年，深圳新能源汽车推广力度、积极性和产生的影响上，都比广州表现更好。在新一轮的新能源汽车浪潮中，广州有些落寞，暗下决心要赶上。"①

在政策的"保驾护航"下，竞争更是一发不可收。在广汽新能源及造车新势力之外，又有一股势力裹挟资本之力，在新能源汽车产业上强势崛起，它就是与贾跃亭分分合合、剧情一度很让人"吐血"的恒大集团。如果说广汽、小鹏汽车看中"新四化"，是因为它是汽车的未来，那么在恒大的眼里，它更像是一块香气四溢的大蛋糕。

中国房地产的变局，让恒大面临向多元化发展转型的任务。此前，它曾投资粮油、乳业还有饮用水，但在外界看来，这些多是失败之举。不过这并不意味着多元化发展这条路不可行，它们之所以失败，是因为销售规模太小，投入产出不成正比。

对恒大来说，它依旧要坚定不移地走这条路，但进入的产业

---

① 《广州深圳暗战电动车：政府投资PK市场化》，周开平，《21世纪经济报道》，2014年11月5日，第22版。

和领域必须是大产业、大领域。新能源汽车正是恒大转型的最好抓手。

尽管没有太多的基础，但恒大缺啥就买啥。在这种粗暴且不太讲理的跨界并购逻辑下，恒大从入股瑞典电动汽车公司 NEVS（9.3 亿美元）、世界顶级超级跑车公司柯尼塞格（1.5 亿欧元），到入股上海卡耐新能源有限公司（10.59 亿元）、湖北泰特机电有限公司（5 亿元），全面涵盖了一家新能源汽车公司、一家超级跑车公司、一家电池企业和一家电机公司。再加上对汽车经销商广汇集团 145 亿元的投资，恒大系在新能源产业链上的投资已达约 300 亿元。

但这还只是开始。2019 年 6 月 11 日，广州市人民政府与恒大集团签署战略合作框架协议暨南沙系列重大投资合作协议，恒大投资 1600 亿元在广州南沙建设包括整车、电池、电机的新能源汽车三大基地等项目。

不得不说，随着传统整车厂、造车新势力及资本的三箭齐发，广州俨然正向自己在《广州市汽车产业 2025 战略规划》中的梦想——"以智能网联新能源汽车为突破口……将广州打造成为知名的汽车之城"——一路狂奔。

今天的广州，在保持自身传统优势的同时，又开始在"新四化"上加速，弥补自身的短板。这让它在与深圳的竞争中，又一次重拾底气。

尽管在"新四化"上存在竞争态势，但作为一个整体，广深既有像广汽这样的传统国企，也有像比亚迪这样的中坚力量，更有像小鹏汽车这样的新势力。它汇聚了"老中青"三代，而且三代互不排斥，各行其是，让人看到了"新四化"在珠三角的潜力和未来。

这些特点与广深作为改革开放前沿阵地有关。它对新事物的开放及对创新的接纳，注定着它会成为"新四化"的宝地和引领者。随着广深在"新四化"上的崛起，珠三角更多的城市和企业纷纷参与其中。

在这里尤需注意的是，相比传统汽车制造产业链，新能源和智能网联汽车产业的产业链更加新鲜，也被拉得更长。它不仅涉及制造，也涉及能源的来源和供应；不仅涉及硬件，也涉及软件的开发和利用；不仅涉及汽车本身，还涉及车与人、车与路、车与车、车与云。这也意味着，单家企业或者单座城市很难指望一口气就吃下整块蛋糕，单纯靠自力更生，很难在未来的汽车制造业中生存。以前一座城市就是一座汽车城，如今汽车制造需要区域合力、万众同心。

与此同时，它也势必会引起整个汽车供应链上此消彼长的"水床效应"。随着汽车产业的重构及产业链的迁移，很多以前与汽车制造不太相干的企业也看到了吃上蛋糕的机会，甚至还有可能成为新兴的细分市场里的"独角兽"。

湾区"爆城"

2019 年 5 月 27 日，任正非签发华为组织变动文件，批准成立智能汽车解决方案 BU（业务单元），隶属于 ICT（信息和通信技术）管理委员会管理。

此前，华为面对舆情曾官宣不会涉足整车制造行业。然而，当汽车产业的关键技术正在从机械向 ICT 转变，汽车的数字化、智能化成为 ICT 技术领先者的关键战场。在智能汽车领域，美国厂商遥遥领先，中欧日韩都积极寻求 ICT 部件厂商的支持以应对挑战。作为有很强研发实力的通信、互联网领先企业，华为也敏锐地感受到了这一风口。"为把握这个关键历史机遇，将华为公司过去 30 年积累的 ICT 技术优势延伸到智能汽车产业，成为面向智能汽车的增量 ICT 部件供应商，"华为在这份组织变动文件中写道，"公司三亚会议讨论决定：华为不造车，聚焦 ICT 技术，帮助车企造好车。"

相较于将汽车业务放在企业 BG（事业群）下，由汽车行业方案部负责对外合作，并升级为一级 BU，将更有利于华为调动智能汽车技术背后不同部门的资源。

事实上，在签发这份组织文件之前，华为的触角已经延伸到多家汽车厂商。早在 2015 年 11 月，它就为上汽提供真车互动体验，展示基于 LTE-V（长期演进技术－车辆通信）技术的综合通信解决方案，此后双方一直保持合作的态势。到 2018 年 12 月，两者还共同建设了智能出行生态系统;华为将与长安在L4级自动驾驶、5G车联网、C-V2X(蜂窝车联)等10余项技术领域开展合作,并在新能源领域共同打造智能电动汽车平台;此外,它与一汽在ICT端管云全领域开展深度合作,同时双方也将共建联合创新实验室;它与东风汽车在2014年签署的战略合作框架协议的基础上,将在汽车"新四化"、企业信息化领域深化战略合作。

这些合作让华为不用造车,但汽车企业却离不开它。就像福耀集团自己并不生产汽车,但每三辆汽车中就有两辆的玻璃来自于它。

多家证券机构发布的分析报告认为,华为的野心是成为汽车产业核心集成部件的一级供应商。未来,华为会提供自动驾驶的标准产品平台,以及根据厂家需求定制的产品。这种模式一旦形成,将给汽车产业带来颠覆性的改变。

不得不说,这也让深圳在汽车产业拥有像比亚迪这样的先进整车厂之外,也拥有了华为这样在细分领域表现出色的"隐形冠军"。

"华为模式"遂为很多企业所借鉴。除了前面提到的深圳的比克电池,深圳新宙邦因为电解液、佛山照明因为锂矿和正极、佛山佛塑科技因为隔膜、东莞ATL因为电芯、广州路翔因为锂矿而成为风口企业。

借势崛起的,除了这些企业,还有不少让人意想不到的城市和区域。例如远在青海省海拔3000多米的察尔汗盐湖,由于富产锂矿而吸引了众多企业一拥而上，来来往往的 10 吨级卡车和在格尔木新建的小型机场，让一块不毛之地变成了淘金圣地。而在珠三角区域，也有不少这样的"宝地"，正如佛山的丹灶。

丹灶是首个国家级生态工业示范区所在地，也是近代维新运动领袖康有为的故乡，它瞅准了当下为解决环境和能源的共同挑战而将氢能作为国际能源变革及汽车新能源产业中的重要选择之机，接连引进氢能产业领域的重磅项目。早在 2010 年，国内唯一具备生产氢燃料电池压气机等核心部件能力的企业——广顺新能源动力科技有限公司，便落户此地。此后，它又促成了泰罗斯汽车动力系统有限公司在此成立，广东长江汽车有限公司在此投资。2017 年，全国首座商用加氢站诞生于此。十年磨一剑，丹灶这样一个小镇，一跃成为业界的明星。

还有一些曾经风光过的老城，也急切希望通过进入新兴汽车产业链条，而"yesterday once more（昨日重现）"。例如有西湖也有苏轼，甚至苏轼在此地还写就"日啖荔枝三百颗，不辞长作岭南人"的惠州，正布局智能网联汽车产业集群，以此挣脱被身边的深圳甚至东莞"遮蔽"的危险。

格力电器的大本营珠海，也紧盯董明珠的造车事业。尽管过程一波三折，但"董小姐"对造车矢志不渝。除了要抢占风头尽快实现企业转型，她还想借此进军汽车空调领域。不管"董小姐"能否实现愿望，但珠海说不准哪天就会成为电空调的重要生产基地。

当然，少不了的还有广州以西，有"中国砚都"之称的肇庆。它以极高的热情联手小鹏汽车，共同合作规划百亿级生产基地。在这过程中，它不仅拿出数千亩土地，而且在当地举行的小鹏智能新能源汽车整车项目发布仪式上，"四大班子"甚至集体出席。

此后，为了更好地推动汽车自动驾驶技术的发展和实践中的商业化应用，促进行业间的沟通、交流与合作，肇庆还正式成立了自动驾驶城市路测示范区。该示范区选取了肇庆高新区、肇庆新区两个行政区域，总计 33 条，合计约 60 公里的城市道路。肇庆市官方称，这是中国内地首个自动驾驶城市级示范区。

不得不说，随着新能源及智能网联汽车产业巨大的产业链条将更多的企业和城市串联在一起，逐渐形成了你中有我、我中有你的局面，以前那种广深"互怼"的困境正慢慢缓和，一种共生、共创的城市格局由此而生。

这带来了另外一个积极的结果，那就是珠三角城市一体化的进程也由此加速，并进一步推动珠港澳大湾区的实质形成。

早在 1982 年，随着国家提出"以上海为中心建立长三角经济圈"，珠三角地区和环渤海地区也先后成为沿海经济开放区。不过，由于这一时期还是计划经济体制主导，行政区划分割现象突出，市场机制作用尚不充分，珠三角地区一体化进程也只是停留在理论政策层面。1994 年之后，随着改革开放的推进，珠三角一体化进程处于相对平衡发展的阶段。相对于涉及不同省份的长三角和环渤海地区，珠三角9市均在广东一省之内，所以相对长三角，珠三角一体化有后来居上之势。如今，珠三角更是迎来了突破，在产业上形成了以广州、深圳为中心，珠江口东岸、西岸为重点的发展格局。除了汽车产业，珠江口东岸的深圳、东莞、惠州以电子信息产业为主，珠江口西岸的珠海、中山、江门、肇庆以电气机械优势传统产业为主，广州、佛山以装备、电气机械制造业为主。

2017年4月，时任香港特区行政长官的梁振英率团考察粤港澳大湾区相关城市，第二站便来到佛山。"佛山我来得不少，每隔一两年再来，都有很多可喜的变化，俗话说'士别三日，当刮目相看'大抵如此。"梁振英在与佛山党政领导干部进行交流时有感而发。对香港来说，今天正以智能制造为主攻方向、全力打造面向全球的国家制造业创新中心的佛山，已是一个经济规模相当大、经济发展水平和工业化水平相当高的经济体。而对佛山来说，香港具有国际化水平高和经济结构良好两大优势，两方携手，可以一起面向全球。

可以说，自20世纪80年代起开始推行"去工业化"的香港需要珠三角。这不仅因为珠三角有着广阔的发展腹地，更重要的是，它们之间的互补性特别强。深圳的科技，广佛的制造，加上港澳的金融，正如一张严丝合缝的拼图。

相较于同质化竞争比较严重的长三角，粤港澳大湾区尽管涉及的区域更复杂，但是因为互相需要和惺惺相惜，在建设上反而会更顺当。

　　正是基于对珠三角智能制造产业发展与壮大的信心，国家在 2019 年 2 月 18 日，也就是农历猪年元宵前夕，发布了《粤港澳大湾区发展规划纲要》，目标直指将粤港澳大湾区打造成比肩"硅谷"的国际 流湾区。

　　随着区域间的经济联动更加频繁、相互间融合不断加深，以汽车业为龙头的高端制造业势必会在大湾区利好的推动下，再上一个台阶。

　　尽管在《粤港澳大湾区发展规划纲要》中，提及汽车产业的内容不多，但每一条都足够让人兴奋。比如"支持香港物流及供应链管理应用技术、纺织及成衣、资讯及通信技术、汽车零部件、纳米及先进材料等五大研发中心及香港科学园、香港数码港建设"，比如"支持装备制造、汽车、石化、家用电器、电子信息等优势产业做强做精，推动制造业从加工生产环节向研发、设计、品牌、营销、再制造等环节延伸。加快制造业绿色改造升级，重点推进传统制造业绿色改造，开发绿色产品，打造绿色供应链"，比如"培育壮大新能源、节能环保、新能源汽车等产业，形成以节能环保技术研发和总部基地为核心的产业集聚带"。

　　更需要画重点的是这样一句话："构筑大湾区快速交通网络。以连通内地与港澳及珠江口东西两岸为重点，构建以高速铁路、城际铁路和高等级公路为主体的城际快速交通网络，力争实现大湾区主要城市间 1 小时通达。"

在很多汽车媒体看来，这哪里是枯燥的政策，简直是如假包换的一波红利啊！建设高等级公路，意味着更加智能化、便利化的公路将会不断出现。到时，更多的充电站或将取代原有的加油站；开辟专有的共享汽车道甚至是自动驾驶汽车道也将实现。

绿色出行及 1 小时生活圈的建立，对于在"新四化"上已经逐步走在前列的广汽、比亚迪及小鹏汽车来说，无疑是送上门的好事。这不仅符合它们面向未来持续打造核心竞争力的战略，更重要的是，这是主场作战。

它们需要把握机遇，跟上节奏，锐意进取。在与湾区的互动中，进一步推动智能互联、协同创新、宜居宜业的理念在这里落地生根。

这不免让人对粤港澳大湾区充满着遐想。比起东京湾区、纽约湾区及旧金山湾区这三大世界一流湾区，粤港澳大湾区本身就具有面积更大、人口更多的优势，而广深在智慧城市建设上的技术能力、创新能力等方面，均走在国内乃至世界前列。

这个湾区有近 7000 万人口，人均 2 万美元的 GDP，上百所高校，43 个国家重点实验室，孕育出了腾讯、华为、中兴、大疆、格力等一批有世界影响力的科技领军企业，还有一批像顽强的泥鳅一样的汽车"新四化"公司。

湾区产业结构全面，智能制造软硬件布局较好，使得湾区内部不同产业的交叉融合更频繁、更深入，将催生更多的新技术、新产品，在抢占未来新兴产业风口方面独具优势。可以预言，一个世界级的"智慧城市群",一个拥有巨大知识流量的世界级"爆城",呼之欲出。

过去,这里只有一颗"东方之珠"。未来,这里会有一串"南海明珠"。

车轮上的诸城

冯景毅（汽车之家）

　　随着人口红利的消退和户籍制度的放开，人口的自由迁徙所带来的资本与产业的流动，在潜移默化中重塑了中国的城市版图，并拉开了一幅新时代城市竞争的大幕。

　　汽车产业作为国家经济发展的重要支柱，带动了上下游诸多的产业与就业，同时汽车作为仅次于不动产的大宗消费品，其销量的阴晴圆缺也直接反映了国家及地区经济的发展运行状况。结合几组大数据，我们来看看中国主要城市和地区机动车保有量、销量在发生着怎样的变化，以及隐藏在背后的某些趋势。

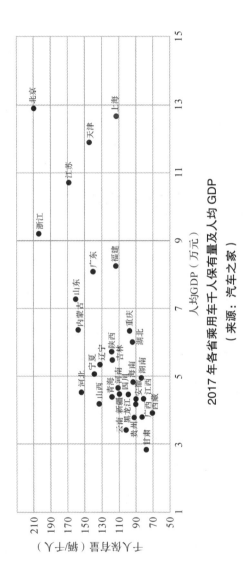

2017 年各省乘用车千人保有量及人均 GDP

（来源：汽车之家）

作为北方唯一的一线城市，北京不仅是京津冀群中的绝对老大，其在全国的经济地位也无人能及。截至 2018 年年末，北京汇聚的资金总量相当于"上海＋杭州"或"2 个深圳"，同时拥有中国一半的"独角兽"企业（滴滴、京东、小米、今日头条、美团等）。这样一个巨无霸城市，有着全国第一的机动车保有量（截至 2018 年年末为 608 万辆）和超强的购买力。尽管北京从 2010 年起执行严格的限购政策，新车销量呈逐步下降趋势，但由于巨大的保有量，总量依然不低。作为相对成熟的汽车市场，北京也成为中高端车型及近年来造车新势力竞争的主战场。北京不仅汇集了大量汽车主机厂的中国区总部，同时也是北京汽车集团、北京现代汽车有限公司及诸多工厂的所在地。不过，基于中央对北京的全新定位，传统的汽车制造业显然不适合在北京扩大发展，甚至要逐步疏解。围绕汽车产业的高端服务业，比如研发、设计、公关、策略、咨询等，才是北京想要留下并继续做大做强的。

放眼京津冀都市圈，北京身旁的天津虽然在人均 GDP 上没有落后太多，但是从两个城市的多项指标来看，二者完全不在一个量级。作为曾经红遍全国的"黄大发""红夏利"的故乡，天津乃是汽车产业的重镇，也有着雄厚的工业基础。但是在社会的发展变迁中，过往的优势似乎成了一种历史包袱。天津没能跟上产业转型升级的步伐，连同往昔的殊荣一起"泯然众人矣"。

"坐拥"北京、天津的河北，近些年来在经济发展上可谓"灯下黑"。虽然新车销量在稳步增长，但河北人民似乎并没有吃到

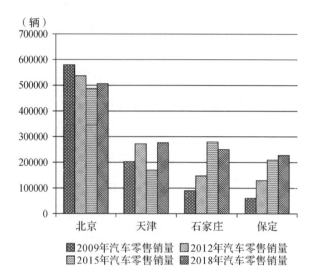

京津冀重要城市 2009、2012、2015、2018 年汽车零售销量
（来源：汽车之家）

太多时代发展的红利。北京巨大的虹吸效应，在积极吞噬着周边一切的人才、资金等生产要素，不仅仅是河北，连山西、山东、内蒙古等区域都处在虹吸的有效范围内。

　　作为曾经的省会、如今中国品牌巨头长城汽车的所在地，保定已经成为中国汽车产业中不可忽视的城市。这里不仅有长城汽车最先进的工厂，还有与世界比肩的研发与测试中心。每年超百万量的产销规模，让保定形成了完整的汽车产业链，同时也给这座城市提供了大量的就业岗位和巨大的纳税额，以及围绕产业链所构成的第三产业。

　　值得进一步关注的是成立没多久的雄安新区。北京严格的限购和限行措施，多年来强行压制着人们的购车需求。新时代下，这种略显扭曲的区域发展现状已经成为京津冀城市群发展的桎梏。破局点就在于如何盘活河北省，雄安新区的建立可谓破局的重要一步。

首先，雄安可以帮助北京疏解政治、文化、科技创新、国际交往中心之外的其他非首都功能。北京当下存在的诸多汽车厂，都可以向雄安及周边转移。例如，北京现代就先行一步，在沧州投建产能规模达到 30 万辆的巨型工厂，雄安也有能力承担这样的功能。

其次，它还可以直接与保定对接。长城这些年享受了不少保定给予的特殊政策，长城要想再扩张，身边的雄安也是很好的落脚点。要知道，雄安新区与长城超级工厂所在的保定徐水区之间的距离近乎为零。打好雄安新区这张牌，一定能帮助京津冀在特殊的情况下顺利实现真正区域一体化的协调发展模式，进而充分释放生产力要素来进行市场化配置，激发人才、资金、产业的巨大潜能。经济的健康发展，最终将反映在人民收入水平的提升上，从而激活和增强该地区的汽车购买需求及购买力水平。

上海作为中国的经济中心，其购买力水平毋庸置疑。上海在 1994 年就高瞻远瞩地开始执行机动车牌照拍卖制度，合理有序地控制了机动车保有量的增长。同时，沪 C 牌照制度（全天禁止进入外环以内）又给限购保留了一个市场化的口子，让生活在市郊且没有进城需求的居民可以免拍牌购买新车，也让上海的二手车得以有效流转，反过来促进了消费者升级换代的购车需求。因此，上海的新车上险量也超过了机动车保有量第一的北京，排名全国第一。

上海是长三角地区的龙头，金融等第三产业十分发达，上汽系及相关的零部件企业所形成的汽车产业链，已经成为上海经济发展中的一个重要支柱。放眼望去，周边的苏州、南京、杭州、无锡、宁波的经济实力也很强，在发展模式上各有千秋。截至 2018 年，这几座城市的 GDP 都突破了万亿元，整个长三角地区占据了 16 座 GDP 万亿城市中的 6 个席位。该区域的协调发展模式，也让产业得到更为细化的分工与合作，大大提升了城市群的整体效率，并使其在产业竞争中不断获得优势。这种优势同样反映在人均 GDP 的增长上。城市群所吸附的人口也会随着产业从市区不断外溢，这些生活在市郊且有不错收入的居民，存在强烈的用车需求，成为汽车的潜在消费者，长三角快速增长的新车销量就有力地证明了这一点。

地处皖苏交界的芜湖市，是奇瑞汽车的大本营。与保定相似，这个地级市也因为体量巨大的奇瑞而备受关注。与李书福一样具有传奇色彩的尹同跃，在自己的安徽老家找到了造车理想的落脚地。多年来，奇瑞在技术积累上厚积薄发，并自 2010 年开始"理性"地坚持做正向研发，大刀阔斧地进行改革，打造产品研发体系。这让奇瑞在 2019 年国内整体车市低迷的情况下，继续保持逆势增长的势头。与此同时，奇瑞的坚挺，也带动了美国的德尔福公司、德国的大陆集团、瑞典的斯凯孚（SKF）集团、美国的 PPG 工业集团等一众零部件企业落户芜湖。相较于其他内陆城市，芜湖既是安徽的第二城，同时也与合肥、马鞍山共处长江经济带，可形成联动之势。更重要的是，上海和南京都是它的近邻。只要它能在新时期积极融入长三角地区，借助城市群的整体竞争力，不断发挥和增强自身的实力，一定能成为下一个值得瞩目的汽车城。

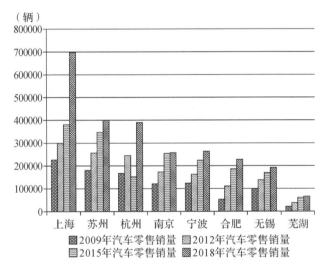

长三角重要城市 2009、2012、2015、2018 年汽车零售销量
（来源：汽车之家）

珠三角区域是中国改革开放的前沿阵地，历经 40 年的积累，已经成为民营经济发达且极具活力的地区。纳入两个特别行政区的粤港澳湾区，则已具备与世界一流城市群竞争的实力。从 GDP 来看，深圳从一个小小的渔村逐步完成对广州的超越，仅次于京沪，排名第三。2018 年，深圳更是取代香港成为区域内 GDP 的"一哥"。若论人均 GDP，深圳排名全国第一，其在高新产业、科技创新等方面具有极强的实力。深圳既有腾讯这种互联网巨头，也有华为、大疆、比亚迪等科技创新＋制造型企业，还有平安、招商等金融业巨头，以及恒大、万科这类地产界明星。这种既富又大的城市，不仅有着极强的吸引力，同时还能对周边产生巨大的辐射和影响力，带动佛山、东莞等地区构成产业的协同分工合作。

　　珠三角区域有着很强的汽车购买力，但考虑到近些年人口大量流入的因素（广东人口净流入量连续多年全国第一，且连续 4 年常住人口增量超百万，人口主要流入地为深圳、佛山、广州），目前其车辆的千人保有量并不高。根据汽车之家的数据调查，超

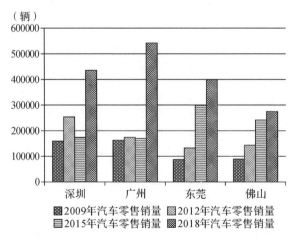

珠三角重要城市 2009、2012、2015、2018 汽车零售销量
（来源：汽车之家）

过 7 成的汽车之家用户在 35 岁以下。在地域分布上，占比最大的用户群体就来自广东。这也说明该地区存在旺盛的买车、用车需求。作为珠三角地区的两个重要城市，广深都采取了限购＋限行措施，但力度并没有京沪严格，再加上年轻、健康的人口结构及区域一体化的协同发展模式，使得珠三角地区的潜在购头水平较高。近些年，该区域的新车上险量也呈逐步增长态势。

人口大省的省会城市在近几年的城市化进程中，通过降低落户门槛来积极吸引本省乃至全国的人口、资金和产业。郑州、西安、武汉这几个中部重要城市就是很好的范例。其中郑州和武汉也是 GDP 过万亿的城市，这些城市的汽车购买力水平不低，汽车保有量也远远没有饱和，如果不出台相应的限购政策，未来的新车销量将呈现增长态势。成都和重庆是西部地区最耀眼的明星，也同为 GDP 过万亿的城市，近些年的新车上险量逐步增加，说明了这两座城市的购买力水平较高，随着人口和产业的不断聚集，未来依然可期。

青海、甘肃、新疆、西藏等位于"胡焕庸线"（黑河—腾冲线）以西的省会及首府，受益于本省的人口、资金的聚集，依然得到了有力的支撑。但放眼全国和长远来看，缺乏中高端产业支撑所导致的年轻人口流失及老龄化问题（东北三省同理），使得这些地区的潜在汽车销量会逐步下降。

虽然从 2018 年起，中国的新车销量就呈下降态势，但分区域来看，新车消费市场在国内出现明显分化。这背后，恰恰是人

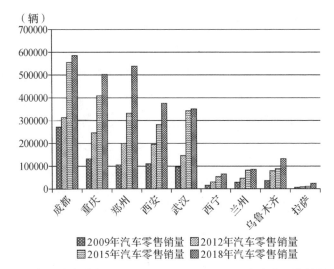

全国部分省会城市 2009、2012、2015、2018 年汽车零售销量
（来源：汽车之家）

口的自由迁徙所带来的变局，因为对人口的吸引力代表着城市竞争力，而城市竞争力源于一个个企业的生产、创新、效率等要素的组合。新时代下，产业的发展已经突破城市的界限，不同地区发挥各自优势，实现协调分工合作，最终形成的产业集群及上下游完整的链条，让区域一体化得到进一步推进或使城市群的竞争力得到大幅提升，这种竞争力是任何单一城市都难以具备的。对汽车销量、购买力等量化指标的分析，展现了一座城市或一个地区的经济发展水平，从中，我们也隐约看到了正在发生的和未来的中国城市竞争格局。

中国本土车企及互联网公司
"新四化"进展表

企业	汽车"新四化"进展
一汽	2015年，于上海同济大学校园内举办互联智能汽车技术演示会，发布基于红旗H7的试制车，其具备与手机连接、自动停车、自动跟车等功能。 2017年11月23日，一汽上海研究院分公司在上海挂牌成立，主要承担中国一汽的新能源整车开发、智能网联技术研究和应用工作。 2017年7月3日，与百度签署战略合作框架协议，就"汽车＋互联网"的合作模式开展进一步的探索。 2019年1月19日，一汽解放汽车有限公司对外公布"哥伦布计划"，该计划包含以解放智能车平台为核心的智能加（AI+）开放计划和以解放车联网平台为核心的互联加（Connect+）开放计划。 2019年4月，一汽奔腾品牌发布"天马星途战略"。预计到2021年，奔腾品牌将实现智能化AI交互的技术突破和落地；到2025年，实现高频场景的高级别自动驾驶；随后奔腾将重点实现物联网汽车与周边智能空间的实时对接。

续表

企业	汽车"新四化"进展
上汽	2016 年 7 月，上汽与阿里共同打造互联网汽车 RX5，建立车载硬件设施和车载互联网系统的应用开发体系。 2016 年，北京车展发布 V2X 版名爵 IBS 智能驾驶概念车。 2017 年 3 月，上汽召开 2017 年度新能源汽车城市共享出行发布会，打造 EVCARD 新能源汽车分时租赁品牌。 2018 年 3 月，获上海开放道路自动驾驶测试牌照。 2017 上汽集团前瞻技术论坛提出："十三五"期间，新能源研发总投入 200 亿元，2020 年自主品牌和合资新能源车年销量超过 60 万辆；携手阿里打造"自我进化"互联网汽车，形成汽车产品和服务融合的生态圈；实现单车智能 4 级技术，携手华为、中国移动开发 V2X 技术，打造智慧交通体系；至 2020 年，覆盖全国超过 100 个城市，运营车辆 30 万辆，打造全球最大的新能源车分时租赁运营服务平台。
广汽	2013 年 11 月，发布基于 B 级轿车平台打造的第一代自动驾驶概念车 WitStar。 2017 年 1 月，北美车展上首发插电式混合动力跨界概念车传祺 EnSpirit 和纯电动 SUV 传祺 GE3。 2018 年，广汽新能源公司发布"广汽 GIVA 智能驾驶平台车计划"，向全球有志于智能驾驶研发的机构、团队和个人，开放广汽智能驾驶平台架构。 2019 年 4 月 27 日，广汽新能源车 Aion S 上市。 2019 年 6 月 26 日，广汽、腾讯、广州公交集团、滴滴出行等共同投资的"如祺出行"平台发布。 2019 年 7 月 28 日，在广汽智能科技大会上联手华为、腾讯，发布"ADiGO（智驾互联）生态系统"。 2020 年前，实现半自动驾驶；2025 年前，实现高度自动驾驶；2030 年前，实现全自动驾驶。
东风	2013 年，开发自动驾驶的原型样车及智能化概念样车，进行自动泊车等相关技术的预研工作。

续表

企业	汽车"新四化"进展
东风	2014—2015 年，开发智能化概念样车来完成 ADAS（高级驾驶辅助系统）相关预研工作，主要产品包括低速 AEB（自动紧急制动）、高速 ACC（自适应巡航控制）与远程遥控等。 2017 年 12 月 2 日，"阿尔法巴（Alphabus）"智能驾驶公文在深圳福田保税区试行。 2018 年 2 月 7 日，与滴滴、比亚迪等 12 家汽车厂商实施战略合作，共建面向未来的新能源共享汽车服务体系。 2019 年 3 月 15 日，东风汽车股份、国家互联网信息安全应急中心、博云时代信息技术有限公司签订战略合作框架协议，宣布要携手打造最具安全性的智能网联汽车。 2019 年 4 月，东风汽车与华为联手合作，于湖北襄阳市正式签订"智行隆中"战略，就"新四化"展开一系列合作。
北汽	2014 年 12 月，发布与北京联合大学共同开发的 EV 自动驾驶汽车。 2016 年 4 月，北汽新能源发布基于 EU260 车型打造的试验车，并且举行了自动驾驶汽车的试驾体验活动。 2016 年 7 月，北汽集团新技术研究院与辽宁省盘锦市大洼区就实施自动驾驶汽车体验项目达成一致。 2017 年，北汽新能源宣布在雄安新区推出绿色、智慧、共享的"轻享出行"品牌。 2018 年 2 月，北汽新能源 LITE 无人驾驶车在"国家智能汽车与智慧交通（京冀）示范区"海淀基地封闭测试场开始测试。 2018 年 10 月 18 日，北汽新能源在"北汽蓝谷科技大会"上正式发布技术品牌"达尔文系统"，定义了整车人工智能。
长安	2016 年 4 月，长安睿骋自动驾驶汽车从重庆出发经由四川、山西、河南、河北到达北京，进行了 2000 公里以上的道路行驶试验。 2017 年 10 月，发布新能源汽车战略"香格里拉计划"。 2018 年 3 月，正式发布 L2 级自动驾驶核心技术框架 IACC。 2018 年 4 月，腾讯和长安签署智能网联汽车合资合作协议，成立合资公司"梧桐车联"。

续表

企业	汽车"新四化"进展
长安	2018年4月，获得重庆市首批自动驾驶道路测试临时号牌并进行路测。 2018年7月，与华为签署合作，就车载移动通信系统、终端互联互通等进行探索合作。 2018年8月24日，召开"北斗天枢"智能化战略发布会，发布车内智能出行伴侣"小安"。 2018年11月，长安CS85发布，搭载腾讯全新的TAI汽车智能系统。 2019年8月1日，长安新能源逸动EV460出租车正式交付使用。 2020年，实现高速公路自动驾驶；2025年，实现有车道全路况自动驾驶。
吉利	2014年4月，微公交率先在杭州试点推出。 2016年1月，与百度合作进行自动驾驶汽车的技术开发。 2017年10月，沃尔沃宣布成立一个全新的独立电动高性能汽车品牌Polestar，并已经在中国成都建造全新的生产中心，首款车型Polestar 1正是在此生产。 2019年2月14日，曹操专车出行服务平台宣布"曹操专车"升级为"曹操出行"。 2019年6月25日，亿咖通科技（ECARX）与腾讯车联在深圳签署战略合作协议，双方将围绕智能网联服务、联合用户运营、AI及云技术等领域展开深度合作。 2019年7月3日，吉利与百度就智能网联、智能驾驶、智能家居、电子商务等AI技术在汽车、出行领域的应用展开全面战略合作，共同研究、探索"最强汽车＋最强AI"。 2019年7月，吉利博越PRO云智能SUV正式全球首发。 2019年下半年，从宁波杭州湾的吉利众创园到吉利汽车研究总院的无人驾驶出行服务将投入示范运营。 吉利GE纯电动车将于2019年年底上市。
比亚迪	2016年，与百度合作进行自动驾驶汽车的技术开发。 2018年2月，与百度合作的比亚迪无人驾驶车队在珠港澳大桥上完成表演。

续表

企业	汽车"新四化"进展
比亚迪	2018 年 6 月，比亚迪、百度 Apollo、大道用车就新能源汽车、无人驾驶技术及车辆资产的共享运营签署一揽子战略合作协议。 2018 年 6 月，推出新一代智能网联系统 DiLink。通过人—车—生活—社会的深度连接，消费者将享受到更智能、更丰富的汽车生态应用。 2019 年 7 月 19 日，比亚迪与丰田签订合约，共同开发轿车和低底盘 SUV 的纯电动车型，以及上述产品所需的动力电池。
长城	2015 年 9 月，发布采用自动驾驶技术、基于哈弗 H7 车型的试验车。 2017 年 2 月，发布 i-Pilot 智慧领航系统；从 2020 年开始，i-Pilot 系统各代会陆续推出。 2018 年，国内首座氢能技术中心已在长城汽车公司建成并投入使用，并且具备 FCEV 所有核心部件的测试、试制，以及整车集成和测试能力。 2018 年 11 月 29 日，长城汽车"国家智能汽车与智慧交通（京冀）示范区"保定长城汽车徐水试验场正式启用。 2019 年 4 月，与英特尔签署战略合作协议，双方计划在智能驾舱及智慧交通等领域开展合作，布局自动驾驶，推动汽车智能化创新发展。 2019 年 7 月 22 日，哈弗品牌发布智能生活云 Hi-Life 生态系统，搭载新生态系统的哈弗 H6 车型产品；7 月 25 日，WEY 品牌发布全新技术品牌——Collie 牧羊犬全维智能安全系统。 2019 年 7 月，长城汽车 GTO 全域智慧生态战略发布。携手腾讯、阿里、百度、中国电信、中国联通、中国移动、华为和高通 8 家战略伙伴共建全域智慧生态。 2020 年，实现以高速公路及城市快速路为特定场景的自动驾驶（高于 L3 级别），完成系统的商品化开发。 2023 年，实现高度自动驾驶；2025 年，实现无人干预的完全自动驾驶。

续表

企业	汽车"新四化"进展
奇瑞	2015 年年底，研发出第一代自动驾驶汽车——基于艾瑞泽 7 车型打造的自动驾驶汽车。 2016 年，与百度开始合作开发第二代自动驾驶汽车——基于 eQ 车型的一款全电式无人驾驶汽车。 2016 年 11 月 15—18 日乌镇世界互联网大会期间，与百度合作开发的 10 辆 eQ 全自动无人驾驶汽车在桐乡市智能汽车和智慧交通示范区进行了国内首次开放城市道路试运营。 2017 年，第二代智能网联汽车发布。 2018 年 1 月，搭载百度 Apollo 2.0 自动驾驶技术的奇瑞艾瑞泽 5 亮相美国拉斯维加斯消费电子展。 2018 年 4 月 11 日，奇瑞正式发布"雄狮 LION"智能化战略，涉及自动驾驶、车联网、数字营销、移动出行、智能制造五个板块。 2018 年 9 月，奇瑞艾瑞泽 GX 开启全球预售。 2019 年，"雄狮智云"还将展开"S（Super）用户计划"，实现车载端和移动端的用户账户统一。
互联网企业	2018 年 3 月，百度获得北京首批自动驾驶测试临时号牌。 2018 年 11 月 7 日，百度发布 Apollo 自动驾驶开放平台。 2019 年 4 月 3 日，福特和百度打造全新车载信息娱乐系统 SYNC+。 2017 年 9 月 27 日，阿里巴巴发布 AliOS 品牌并提出口号——"驱动万物智能"。 2017 年 10 月 13 日，AliOS 携手斑马网络与神龙汽车就未来汽车智能化达成战略合作，即将陆续推出搭载 AliOS 的智联网汽车，首款车型将落地东风雪铁龙。 2017 年 11 月，一辆搭载腾讯车联"AI in Car"的汽车——广汽 iSPACE 下线，实现了该系统的首次落地应用。 2017 年 12 月 7 日，阿里巴巴集团和福特汽车公司正式签署战略合作。双方将开展全面合作，共同推进在智联网汽车、人工智能、智能移动服务和数字营销等领域的合作。 2018 年 9 月 22 日，阿里巴巴发布全新的 AliOS 2.0 系统。

续表

企业	汽车"新四化"进展
互联网企业	2018 年 4 月 16 日，腾讯车联与广汽、长安、吉利、比亚迪、东风柳汽签订战略合作协议。 2018 年，腾讯推出"TAI 汽车智能系统"，可以理解为"AI in Car 2.0"版本。 2019 年 3 月 22 日，长安、苏宁、一汽、东风、腾讯、阿里巴巴共同投资设立南京领行股权投资合伙企业（有限合伙），以打造网联化、共享化的"智慧出行新生态"为目标。 2019 年 7 月 28 日，广汽联手华为、腾讯在广汽智能科技大会上发布"ADiGO（智驾互联）生态系统"。
造车新势力	2017 年 3 月 10 日，蔚来发布"NOMI"人工智能伴侣系统。 2017 年 4 月 9 日，长安汽车与蔚来汽车签署战略合作协议，主攻新能源汽车与智能化服务。 2017 年 6 月 1 日，科技公司大陆集团与蔚来签署战略合作框架协议，双方将在纯电动汽车、智能交通与自动化驾驶等领域展开紧密合作，致力于建立长期稳定的合作关系。 2017 年 12 月 16 日，蔚来发布首款量产汽车 ES8，搭载自动辅助驾驶系统 NIO Pilot，全球首装 Mobileye EyeQ4 自动驾驶芯片；搭载人工智能系统 NOMI，集成语音交互系统和智能情感引擎。 2017 年 12 月，威马汽车公布了其首款量产车——智能电动 SUV EX5。 2018 年 10 月 18 日，理想汽车发布首款增程式智能电动车——理想 ONE。 2018 年 12 月，小鹏汽车与海马联合打造的海马小鹏智能工厂正式亮相。 2018 年 12 月 12 日，小鹏汽车的首款车型小鹏 G3 宣布交付。 2019 年 4 月 11 日，博郡汽车发布三大电动汽车平台与两款智能纯电动 SUV——iV6、iV7。 2019 年 4 月 12 日，威马发布由智行 2.0 版威马 EX5、威马 EX5 Pro、威马 EX6 Limited、威马全新概念车 EVOLVE CONCEPT 组成的产品矩阵。

续表

企业	汽车"新四化"进展
造车新势力	2019 年 4 月，奇点汽车全球首发高品质微型智能电动汽车 iC3 概念车，该车型利用丰田 eQ 为基础开发，预计将于 2021 年年初量产上市。 2019 年，小鹏 G3 将进行 3 至 4 次大规模 OTA 升级，覆盖 AI 智能、Xmart OS 车载智能系统、XPILOT 2.5 全场景自动泊车系统、XPILOT 2.5 智能驾驶系统等功能。 2019 年 5 月，广汽蔚来旗下全新品牌"HYCAN 合创"正式发布。 2019 年 6 月 10 日，蔚来正式发布了 NIO OS 2.0 智能车机系统和全新的 NIO Pilot 驾驶辅助系统。 2019 年 7 月 30 日，蔚来抛售 FE 车队，集中火力投入到电动化发展之中。

（制表：项侃）

图书在版编目（CIP）数据

大国出行：汽车里的城市战争 / 王千马，何丹执笔. --
杭州：浙江大学出版社，2020.3
ISBN 978-7-308-19820-2

Ⅰ. ①大… Ⅱ. ①王… ②何… Ⅲ. ①汽车工业－工业发
展－研究－中国 Ⅳ. ①F426.471

中国版本图书馆CIP数据核字（2019）第278647号

大国出行：汽车里的城市战争
王千马　何丹　执笔

策　　划	杭州蓝狮子文化创意股份有限公司	
责任编辑	张一弛	
责任校对	谢　焕	
封面设计	熊猫布克	
出版发行	浙江大学出版社	
	（杭州天目山路148号　邮政编码：310007）	
	（网址：http://www.zjupress.com）	
排　　版	浙江时代出版服务有限公司	
印　　刷	杭州钱江彩色印务有限公司	
开　　本	880mm×1230mm　1/32	
印　　张	7.875	
字　　数	155千	
版 印 次	2020年3月第1版　2020年3月第1次印刷	
书　　号	ISBN 978-7-308-19820-2	
定　　价	58.00元